الملابس الجاهزة
READYMADE GARMENTS
بيع البخور
SALE OF INCENCE
مسقط للتراث
MUSCAT TURATH

*Highlights*

# OMAN

## MIT DUBAI UND ABU DHABI

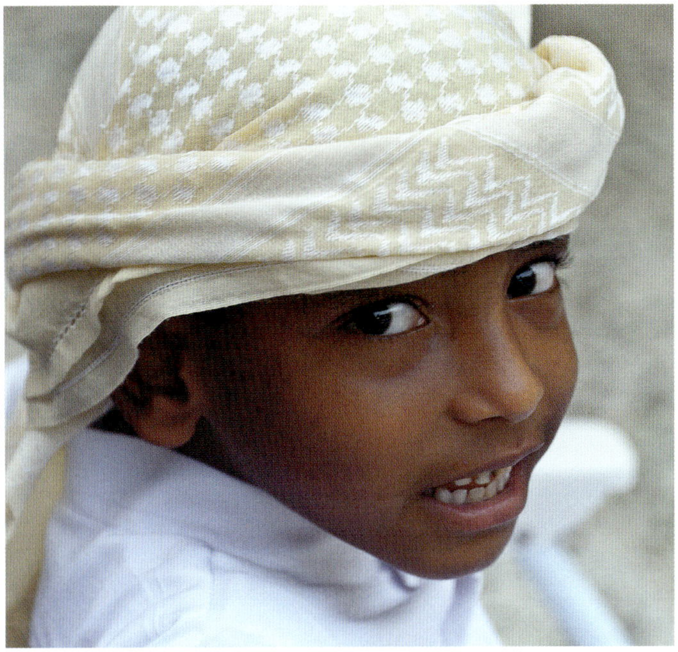

50 Ziele, die Sie gesehen haben sollten

*Highlights*

# OMAN

## MIT DUBAI UND ABU DHABI

Udo Bernhart
Zeno von Braitenberg
Birgit Müller-Wöbcke

BRUCKMANN

Malerisch erhebt sich die Quabus-Moschee der Oasenstadt Nizwa vor dem Hajar-Gebirge. Garten und Pool des Hotels Al Bustan Palace in Masqat. Junger Omaner in traditionellem weißen Gewand (Dishdasha) und mit Kumma (von links).

# Inhalt

Blick zum farbenfrohen, detailreichen Deckenmosaik des Suq in Matrah. Die Düfte von 1001 Nacht in bezaubernden Flakons. Festlich gewandet sind die Frauen in der gigantischen Show zum Nationalfeiertag Omans (von Mitte nach rechts).

1 Capital Area
2 Regierungsbezirk Masqat
3 Matrah
4 Suq in Matrah
5 Qurum
6 Sultan-Qabus-Moschee
7 Die Traumhotels der Hauptstadt
8 Royal Opera House Muscat
9 The Wave
10 Oman Dive Center
11 Sohar
12 Nizwa
13 Moscheen
14 Fort Jabrin
15 Königsstadt Bahla
16 Das Aflaj-Bewässerungssystem
17 Jebel Shams
18 Jebel Akhdar
19 Saiq
20 Misfah
21 Al Hamra
22 Al Hoota
23 Birkat al Mauz
24 Fahud
25 Sur
26 Sur und Qalhat
27 Das Wadi Tiwi
28 Wahiba Sands
29 Dhofar
30 Wadi Dawkah
31 Salala
32 Al Baleed
33 Jebel Al Qara
34 Bucht von Mirbat
35 Musandam
36 Sayh Plateau
37 Jebel Harim
38 Khasab
39 Halbinsel Musandam
40 Dubai heute
41 Burj Khalifa
42 The Palm
43 Bastakiya
44 Suqs
45 Dubai Marina
46 Die Luxus-Malls
47 Dubai Desert Conservation Reserve
48 Louvre Abu Dhabi
49 Sheikh Zayed Grand Mosque
50 Yas Island

Straße von Hormus
39
Kumzar
MUSANDAM
Khasab 38 35
Ash Sham
Jebel Harim/Sayh Plateau
Limah 36 37
Ra's al-Chaima
IRAN
PERSISCHER GOLF
KATAR
Doha
43 44
Schardscha
SULTANAT OMAN
Dibba
40 41 46 Dubai
42 45
Jumeirah
Al Awir
Fudschaira
47
Mina Jebel Ali
Khatmat Malaha
Shinas
48 49 50
Abu Dhabi
Sweihan
Lima
Sohar 11
GOLF VON OMAN
Duweihin
ABU AL ABYAD
Al Ain
Al Buraimi
Jebel Dhanna
Ruwais
Al Khawra
Saham
Tarif
Al Hajar-Gebirge
Al Khabura
Ghayathi
Habshan
VEREINIGTE ARABISCHE EMIRATE
Al Qabil
Seeb
9
Masqat
Birka
Matrah
20
Misfah
3 – 8
1 2
Jebel Shams
17
Al Qua'a
Quriyat
Ibri
18 Jebel Akhdar
Al Hoota
22
10
Tharwaniyya
Umm Hisin
Liwa-Oasen
Hamim
21 Al Hamra
Saiq 19
Fins
Wadi Shaab
13 – 16
Nizwa
Birkat al Mauz
Wadi Tiwi
Qalhat 26
12
23
Ibra
27
Ras al-Hadd
Wadi Rafash
Sanawi
Sur
24
Al Mintirib
25
Adam
Fahud
Al Kamil
Jibal
OMAN
Hauptverkehrsstraße
sonstige Straßen
N
0
100 km
SAUDI-ARABIEN
Wahiba Sands
28
Al Ashkarah
Ghaba
Khuwaimah
Ghafah-Wüste
Highlights
Hauptstadt Masqat
Westen, Inland, die magischen Berge
Südlich der Hauptstadt
Süden
Norden
Dubai
Abu Dhabi
An Naqdah
Barik
Hilf
Masirah Channel
MASIRA
Golf von Masira
SULTANAT OMAN
Haima
Duqm
Muqshin
Al Ajaiz
Umm-al-Hait-Wüste
Madrakah
Wadi Dawkah
30
Suqrah-Bucht
Wadi Qitbit
Fasad
Al Kahil
Amal
Shisr
Marmul
Shelim
Suqra
29
Dhofar
Fadhi
Shuwaymiyah
Thamarit
Al-Hallaniyyat-Bucht
JEMEN
Aybut
HALLANIYYAT-INSELN
Nabi Âyoub Hiobs Grab
33
Salala
Taqa
Sad
Aydam
Raysut
31 32
34 Mirbat
Sarfayt

Nizwa, Fort Jabrin –
Symbiose von Politik und Fantasie.

Maritimer Kitsch? Nein, jede Menge Luxus und kunstvolle üppige Dekorationen verwöhnen die Besucher des legendären Atlantis-Hotels in Dubai.

Ob auf großen Volksfesten (links) oder bei Privatbesuchen (rechts), im Oman und in Dubai trifft man überall auf freundliche Menschen. Burj al Arab – das Wahrzeichen der Wüstenstadt Dubai, wo man auch den Luxus blühender Gärten genießen kann (rechte Seite).

# Oman und Dubai

## Willkommen in der 1001. Nacht

**Mit dem Oman und Dubai werden gemeinhin viele Bilder in Verbindung gebracht, doch die Assoziationen sind für beide Länder ganz unterschiedlich. Zu Recht. Denn obwohl das Sultanat Oman und das Emirat Dubai immer wieder wie Geschwister mit- und nebeneinander dargestellt werden, erzählen sie doch völlig verschiedene Geschichten. Scheherazade hätte sie nie in einer einzelnen Nacht in Worte kleiden können.**

Der Oman: Kaum beginnt man, sich mit diesem Land zu beschäftigen, ist man schon mittendrin in einer Geschichte. Zum einen, weil sich schon die Entwicklung des Oman unter Sultan Qabus liest wie ein Märchen, zum anderen, weil die Menschen im Oman und in Dubai tatsächlich Erstaunliches zu erzählen haben. Schließlich lebten ihre eigenen Väter noch in einer Welt, die von der Gegenwart unvorstellbar weit weg war. Insofern ist jenes Missverständnis, mit dem man als Autor eines Oman-Buches konfrontiert ist, recht bezeichnend. »Du schreibst über den Oman? Einen Roman?« – »Nein, ein Buch über das Sultanat, keinen Roman.« Doch die Dramaturgie der Geschichte von Ländern wie dem Oman oder Dubai ist nicht weniger spannend, als es ein guter Roman sein kann.

### Das Land von Sultan Qabus

Egal, wohin man im Oman kommt, überall trifft man erst mal auf drei Dinge: Weihrauch, Dattelbäume und herzliche Gastfreundschaft. Das freundliche Miteinander ist wichtig im Oman und das landestypische Begrüßungsritual ein bezeichnendes Beispiel dafür. »As-salaamu 'alaikum – Friede sei mit euch« – das bekommt jeder Gast als Erstes zu hören. »A'alaikum as-salaam« – »Friede auch mit euch« ist darauf dann die passende Antwort. Wer des Arabischen

nicht mächtig ist, sollte das allerdings schnell sagen. Denn nun folgt ein Dialog, der einige Zeit in Anspruch nimmt. »Willkommen«, wird der Einheimische als Nächstes sagen und: »Kaif haalak« – »Wie geht's?« Sodann fragt er nach dem Wohlbefinden der gesamten Familie – egal, ob er sein Gegenüber kennt oder nicht. Einzeln wird er alle aufzählen, von den Eltern bis hin zu den Geschwistern. Dann fragt er, welche Neuigkeiten es aus der Heimat des Gastes gibt – und erwartet darauf auch wirklich eine ausführliche Antwort und Erzählungen, denn man liebt in diesem Land Geschichten. Und schon ist man bei Scheherazade.

## Das Bis-zum-Morgen-Land

Glaubt man der Legende, so rettete Scheherazade, eine schöne Untertanin eines despotischen Königs, ihr Leben, indem sie ihm bis zum Morgengrauen Episoden erzählte. Der Tyrann, der die Angewohnheit hatte, jede Frau nach der ersten Nacht töten zu lassen, war einfach zu neugierig, wie die Geschichten weitergingen, um die Erzählerin zu eliminieren. So konnte Scheherazade ihren letzten Lebensabend tausendundeinmal hinauszögern – und wurde am Ende sogar die Ehefrau des Königs. Keiner weiß genau, woher diese schöne Legende kommt. Aber eine der Erzählungen aus Tausendundeiner Nacht, nämlich jene des Seefahrers Sindbad, wird heute mit dem Oman in Verbindung gebracht. Tatsächlich hat die Seefahrt im Oman Tradition und konnte geradezu legendäre Erfolge erzielen. Ab der Mitte des 7. Jahrhunderts, dem Jahr null islamischer Zeitrechnung, segelten omanische »Argonauten« von Sohar nach China. Es erwuchs ein prosperierender Seehandel, der dem Land Reichtum und Ansehen und der Welt chinesische Produkte wie Porzellan, Edelhölzer, Gewürze und, notabene, den Kompass einbrachte.

Die Seefahrt als Tradition und der Fischfang aus einem gesunden Meer prägen den Oman (unten und rechts).

## Die arabischen Familienbande

Und Dubai? Nun, das ist eine ganz andere Geschichte. Es ist die Geschichte eines Landes, das eines Tages plötzlich da war. Wie ein Geist aus Aladins Wunderlampe. Natürlich nicht ganz ohne Hilfe, denn schließlich ist Dubai nur eines von mehreren Emiraten und hat mit Abu Dhabi einen potenten Freund an der Seite. Aber immerhin auf eigene Faust und – historisch gesehen – in einem Augenblick.

Den Unterschied zwischen Dubai, Abu Dhabi und dem Oman beschrieb Sebastian, der seit Jahren in Dubai lebt und zufällig mit dem demselben Boot die Dau-Tour machte, die in diesem Buch beschrieben ist, mit einem Vergleich: Abu Dhabi ist das Elternhaus, in dem sich alle Familienmitglieder immer wieder einfinden und auf das man sich verlassen kann, wenn es mal schwierig ist. Dubai ist der etwas verrückte Sohn des Hauses, der gerne Partys feiert, absurde Ideen hat und seinen eigenen Weg geht, aber zu Weihnachten nach Hause kommt. Und der Oman ist der nette Onkel, der auf einer alten Farm wohnt. Natürlich besucht man diesen Onkel gern und feiert auch gemütliche Familienfeste bei ihm, aber das Leben spielt sich dort eben in einem ganz anderen Rhythmus ab. Unnötig zu sagen, dass dieses Bild von den betroffenen Ländern wohl anders gemalt würde.

Überall im Oman entstehen luxuriöse Hotelstrukturen, hier das Marriott Resort in Mirbat (links).

## Vom Mittelalter direkt in die Zukunft

Der Oman ist ein Land so alt wie die Zeit, heißt es in einer Selbstbeschreibung des Sultanats, und selbstbewusst schreibt das Informationsministerium weiter: »Der Oman gilt als ein Hort der Hoffnung und Vernunft in einer häufig unbeständigen Region.« Tatsächlich wurde das während der bewegten Zeiten des arabischen Frühlings im arabischen Raum auch so empfunden. Dabei hat der Oman eine Geschichte wie im Zeitraffer hinter sich. Bis 1970 lebten die Menschen hier wie im Mittelalter. Sultan Said ibn Taimur, der Vater des langjährigen und Onkel des aktuellen Regenten, interessierte sich herzlich wenig für die Welt um ihn herum. Es gab nur eine asphaltierte Straße, und die öffentliche Infrastruktur beschränkte sich auf ein Postamt, eine Krankenstation und drei Grundschulen. Strikte Isolation prägte das Land bis zum Sommer 1970, als der damals 30-jährige Thronfolger Qabus den Machtwechsel beschwor und seinen Vater ins Exil schickte.
Der neue Sultan erklärte seinem Volk zuversichtlich: »Unser Land war einst sehr mächtig und ruhmreich. Wenn wir mit vereinten Kräften arbeiten, werden wir die ruhmreiche Vergangenheit wieder aufleben lassen und den uns angemessenen Platz in der Welt einnehmen können.« Tatsächlich benötigte Qabus für dieses ehrgeizige Vorhaben nur 30 Jahre. Das Erdöl, das im Land zu sprudeln begann, sorgte für die nötigen Mittel. Entsprechend seiner Überzeugung, dass der neue Reichtum nicht ihm, sondern seinem Land dienen müsse, ließ der Regent Straßen, Schulen und Krankenhäuser bauen, setzte sich für die Gleichberechtigung der Frau ein, gründete eine Universität und schrieb eine moderne Verfassung. Damit und mit der sich verbreitenden optimistischen Stimmung lockte er viele ausgewanderte Omaner in ihr Heimatland zurück.
Anfang 2020 verstarb Sultan Qabus, Nachfolger des unverheirateten und kinderlosen Herrschers wurde sein Cousin, der bisherige Kulturminister Haitham bin Tarik Al Said. Zum Erbe gehört auch ein luxuriöser Privat-Jumbojet mit Pool und goldenen Armaturen, um den sich viele Gerüchte rankten. Nach wie vor wird der verstorbene Herrscher von den Omanis hingebungsvoll verehrt, der so viel für das Land getan hatte. Kein Zweifel: Sein Erbe wird noch lange Zeit bestehen!

# Die Hauptstadt Masqat

*Zwischen nackten Felsrücken und türkis schimmerndem Ozean*

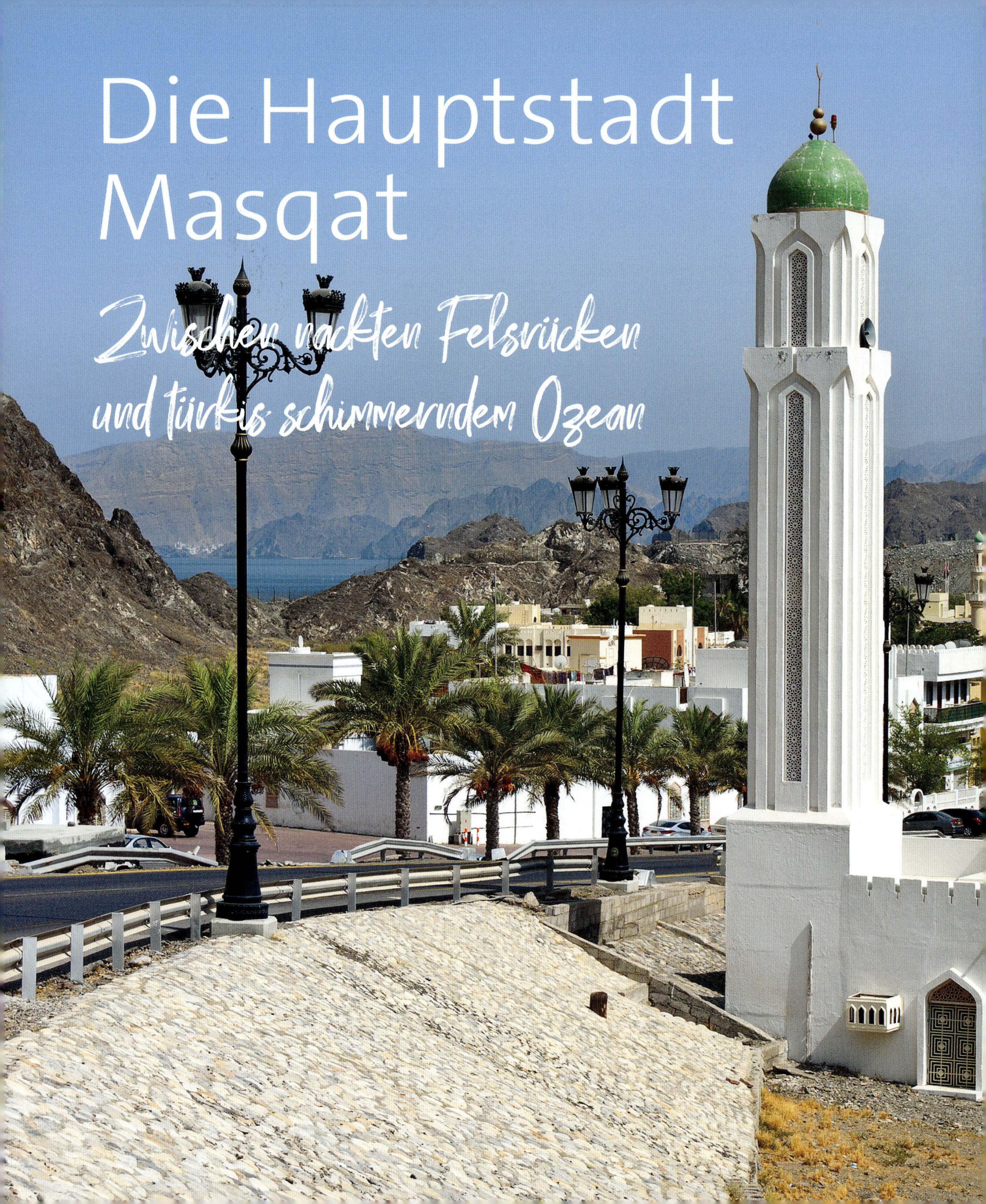

Die Oper (oben) und die Universität (unten). Der Stadtteil Sidab mit der schönen, grün behelmten Moschee ist bei Touristen und Einheimischen beliebt (links). Masqat hat viele Gesichter.

Golf von Oman
Sib
Al Khawd Damm
Al Koudh
The Wave Muscat
9
Al Maweleh South
Muscat International Airport
Al Murtafiah
Airport Heights
Rusayl Industrial Area
Falaj Al ar-Rusail
Hammam al Ali
Falaj Al Sham
Ghala Industrial
Masqat
Al Ghubra
2
6
Große Sultan-Qabus-Moschee
Al Ansab
Bawschar
Al Qurm
Al Khuwayr
Royal Opera House Muscat
8
Madinat al Ilam
Qurum
Mina al Fahl
Darsait
Masqat
Matrah
3
4
Mutrah Suq
Ruwi
Sidab
7
Al Bustan
Al-Bustan Palace Roundabout
Shangri-La's Barr Al Jissah Resort & Spa
Jabal Muraywah
Jabal Qirmadhil
Al Amarat
N
0
5 km

# Im Reich von Sultan Qabus

**Von der beeindruckenden Sultan-Qabus-Moschee zum Royal Opera House und vom legendären Matrah Suq, einem der ältesten Märkte der arabischen Welt, zu den Forts und Handelshäusern des Regierungsviertels: In Masqat gibt es viel zu erleben und zu genießen, nicht zuletzt auch die Traumhotels zwischen Hajargebirge und weißem Sandstrand.**

Willkommen in Masqat, der Hauptstadt des Oman, oder »Achlan-Wa-Sahlan!«, wie es hierzulande heißt. Welcher Reichtum, welche Pracht! Schon auf dem Weg vom Airport in die Stadt wird deutlich: Hier macht das Autofahren Freude, denn es herrscht kaum Betrieb, und neue, makellose Stadtautobahnen führen durch die auf dem Reißbrett entworfene Hauptstadt des Sultanats. Bereits in den 1970er-Jahren begann der Ausbau Masqats zur sogenannten Capital Area, einer Region mit der gewaltigen Ausdehnung von über 50 Kilometer Länge. Steigen Sie ein! Zwischen Seeb und Al Bustan lernen Sie auf einer spannenden Tour die unterschiedlichen Gesichter der orientalischen Metropole kennen.

## Ein Hauch von Geschichte

Die gewaltigen, weiß leuchtenden Gebäude zu beiden Seiten der Sultan Qabus Road erinnern mit ihren Zinnen und Türmchen an eine moderne Version arabischer Paläste. Sattgrüne Kokospalmenalleen und von indischen Gärtnern penibel gepflegte Staudenrabatten, Blumen und Gräser säumen die Strecke, dazwischen liegen akkurat getrimmte Rasenflächen. Einige Kilometer westlich des Flughafens erhebt sich die gewaltige Sultan-Qabus-Moschee mit ihrer großen Kuppel und den fünf Minaretten, eine der wenigen Moscheen, die auch von westlichen Besuchern betreten werden darf.
Am östlichen Ende der Capital Area gelangen Sie in den Regierungsbezirk Masqat, den alten Kernbezirk der Hauptstadt. Auch wenn es hier alles andere als orientalisch lebhaft zugeht, umgibt die Gegend ein Hauch von Geschichte und altarabischer Atmosphäre. Neben dem gewaltigen El-Alam-Palast, für dessen Errichtung bald ein Drittel der einstigen Altstadt zum Opfer fiel, liegen hier zahlreiche Museen, untergebracht in alten, aufwendig restaurierten Handelshäusern und Stadtpalästen. Es herrscht kaum öffentliches Leben in dieser Gegend, alles wirkt etwas steril und wie ausgestorben, dafür findet man jederzeit einen Parkplatz. Machen Sie ein Foto von den beiden jahrhundertealten Stadttoren Bab Al Mathaib und Bab Al Kabir, einer echten alt-arabischen Postkartenidylle.

## Zu Füßen der Festungsruine

Weiter geht es über die Qurum Hights Road und die Al Mina Street gen Osten und in den Stadtteil Matrah. Welch ein Kontrast! Hier genießen Sie orientalische Atmosphäre in vollen Zügen. Eine Festungsruine wacht über die in der Bucht ankernden Daus, die mit schwerer Fracht beladenen, altertümlich aussehendne Frachtschiffe ganz aus Holz. Direkt an der Corniche, die die Bucht seit ihrer Fertigstellung 1984 umschließt, liegt der Matrah Suq, der schönste des gesamten Landes. Bambusstangen und Matten aus getrockneten Palmwedeln überdachen die engen Ladengassen, in denen die in Landestracht gekleideten Omanis nach wie vor die Dinge des täglichen Lebens erstehen.
Weiter geht es entlang der Küste nach Südosten, durch den kleinen Fischerort Sidab, der sich einen Teil seiner Ursprünglichkeit bewahrt hat. Dann geht es steil nach oben durchs Gebirge. Eine eindrucksvolle Panoramastraße führt geradewegs zu dem auf einer Halbinsel thronenden Shangri-La Barr al-Jissah, einem Hotel-Resort der Extraklasse: arabische Opulenz an einer abgelegenen Traumbucht, hier kommt man an am Ziele der Träume.

Zur Etikette gehört es, die Dattel unbedingt mit der rechten Hand aus der Schale zu nehmen. Ihre Süße und die Aromen des Gewürzkaffees ergeben vereint ein wahres Geschmackserlebnis.

### AUF EINEN CHAI

»Abna Haji Bin Beri« – den Namen dieses so einfachen wie traditionellen Coffeeshops in der Hauptgasse des Suq von Matrah hätte sich Karl May nicht besser ausdenken können. Es riecht nach starkem Mokka und mitunter auch nach Wasserpfeife, Frauen und Männer sitzen getrennt voneinander und plaudern angeregt. Nehmen Sie Platz auf der alten Steinbank und genießen die Szenerie. Hier ist nichts gestylt, alles authentisch und sehr sympathisch! Eine Speisekarte gibt es nicht. Am besten, Sie fragen nach den Empfehlungen des Tages oder schauen sich bei den anderen Besuchern um, was die auf den Tellern haben. Köstlich sind die traditionellen omanischen Süßigkeiten aus Datteln und gemahlenen Nüssen, die zu Kugeln geformt und mit Rosenwasser parfümiert werden.

WEITERE INFORMATIONEN
**The Beach Restaurant,**
im Hotel The Chedi, North Gubra 232,
Tel. 968 24 52 44 00,
www.ghmhotels.com/de/muscat/dining

# 1 Capital Area

## Der Hauptstadttraum des Sultans

**Masqat, die Hauptstadt Omans, ist im Grunde ein Puzzle mit Einzelstücken aus unterschiedlichen Welten. Einiges war schon immer da, anderes gibt Zeugnis der bewegten Geschichte der vergangenen Jahrhunderte, und vieles kam erst in den letzten 50 Jahren hinzu. Insofern macht jeder Besucher nach seiner Ankunft in Masqat zuallererst eine kleine Zeitreise.**

Wer in den Oman reist, sollte als Erstes seine bisherigen Vorstellungen von einer Monarchie über Bord werfen. Ebenso ist es ratsam, den Ballast der medialen Darstellung arabischer Länder abzulegen und die Bilder von demonstrierenden Islamisten und brennenden Häusern aus dem Kopf zu verbannen. Denn der Oman ist ein Land der Sicherheit und der Blüte, und das, was in den vergangenen Jahren aus den muslimischen Ländern oder von der arabischen Halbinsel berichtet wurde, hat nichts mit dem zu tun, was einen hier erwarten kann. Und zwar vom ersten Augenblick an, an dem man omanischen Boden betritt.

### Wege in die Gegenwart

Der Flughafen von Masqat: Brandneu und beeindruckend präsentiert er sich als orientalisch modernes Eingangstor. Stoisch wickelt der Zollbeamte seinen Dienst ab. Dem Gast begegnen die Zollbehörden mit einer auffälligen Mischung aus professioneller Gleichgültigkeit und freundlicher Überlegenheit. Wollte man in ihrem Gehabe lesen, würde man eine Begrüßung erkennen können wie: »Herzlich willkommen und auf Wiedersehen bald bei Ihrem Rückflug.«

Aber das ist durchaus nicht bösartig gemeint. Alles bleibt ruhig, auch dort, wo man auf Leute trifft, die vom Geschäft mit den Reisenden leben. Wer am Ausgang des Flughafens auf eindringliche Angebote von privaten Taxiunternehmen wartet, war zu oft in Südamerika, Asien oder Italien unterwegs. Hier läuft alles gesittet ab. »Taxi?« ... »Yes, Sir. Which hotel?« ... »Yes, Sir.« Der Preis ist geregelt, selbstverständlich,

Freie Fahrt durch die Haupttore der alten Stadtbefestigung von Masqat: Tore in eine moderne Gegenwart. Der Oman hat sich innerhalb von 40 Jahren in die Moderne katapultiert (unten). Ein besonderes Schmuckstück ist der Wachturm am Kalbuh-Park (rechts).

Blick auf das alte Masqat inmitten von Felsen.

und der Rest der Fahrt ist Schweigen. Und es gibt viel zu sehen und zu staunen.
Prachtstraßen säumen den Weg vom Flughafen in die Hauptstadt. Nichts erinnert hier an die Holprigkeit eines Wüstenstaates oder an die Zeit vor Sultan Qabus. Schon vom Flugzeug aus konnte man die neuen Straßen mit ihren ausladenden Kreisverkehrsinstallationen ausmachen. Deutlich sichtbar: Hier wurde in den letzten Jahrzehnten eine Hauptstadt auf dem Reißbrett gezeichnet. Ganze Wohnviertel wurden in der sogenannten »Capital Area« wie Legohäuschen auf den kargen Boden gesetzt. Alle Häuser stammen offensichtlich aus derselben Feder: Alle sind weiß, mit hübschen Zinnen, einem Turm und einer niedrigen Mauer drum herum. Sultan Qabus war in vieler Hinsicht untypisch für seinen Stand. Kurz gefasst könnte seine Politik als die eines Monarchen dargestellt werden, der demokratisch denkt. Ein Widerspruch? Ja, aber einer, der konkrete Ergebnisse erzielte.
Jeder Omaner, egal, ob Frau oder Mann, hat Anspruch, im Laufe seines Lebens ein Grundstück übertragen zu bekommen. Die Größe desselben beschließt das zuständige Ministerium, sie hängt von der gewählten Lage ab. Dahinter steht der Gedanke, dass das Land eben der Bevölkerung gehört. Das Grundstück ist also kein Geschenk, vielmehr ist »Zuteilung« der offizielle Begriff. Immer wieder sieht man als Folge dieser Regel im Oman rätselhafte Bauwerke, die aussehen wie neugeborene Ruinen: zwei Säulen, manchmal mit einem Tor dazwischen, oder Mauerstücke, die eine Fläche definieren. Der Hintergrund: Manchmal fehlt dem Eigentümer noch das Geld, um sein Grundstück zu bebauen; manchmal haben Besitzer oder Besitzerin einfach noch nicht entschieden, ob sie eines der zinsfreien Darlehen für den Bau in Anspruch nehmen oder ob sie das Grundstück an einen anderen verkaufen. Säulen und Mauerstücke stecken das Eigentum vorerst nur ab.

## Sicherheit von Haus aus

Piep – piep – piep ... Ein penetranter Signalton tönt durch das Taxi. Dies ist eine eigene omani-

sche Sicherheitsvorkehrung: Ab Werk sind alle Autos im Sultanat mit einem elektronischen Kontrollsystem ausgestattet, das unbarmherzig und nicht auszuschalten ist. Ab der für die Autobahnen vorgeschriebenen Höchstgeschwindigkeit von 120 Kilometern in der Stunde setzt der Ton ein und piepst, solange der Fahrer die Geschwindigkeit nicht verringert. Unserer tut es nicht, er scheint das Geräusch überhaupt nicht mehr wahrzunehmen.
Der Weg vom Flughafen Seeb an der nördlichen Grenze der Capital Area führt vorbei am Hangar des Sultan-Jumbojets. Fantasien aus *Tausendundeiner Nacht*.
Entlang der blitzblanken Autobahn sind die Insignien der westlichen Welt deutlich sichtbar. Lager- und Industriehallen fliegen am Taxifenster vorbei. An den Symbolen und Markenfarben entdecke ich, wie der arabische Schriftzug für Porsche, Coca-Cola und Pizza-Hut aussieht. Kneift man die Augen ein bisschen zu, könnte man sich auch vorstellen, irgendwo in Kalifornien zu sein.

## Der Knigge für Omanreisen

Wie waren noch mal die grundsätzlichen Verhaltensempfehlungen, von denen die meisten Reiseführer schreiben? Angemessene Kleidung, keine Fotos von Einheimischen, schon gar nicht von Frauen, ohne vorher zu fragen, und beim gemeinsamen Dattelessen nur die rechte Hand verwenden. Letzteres ist besonders wichtig, weil die linke Hand traditionsgemäß das Klopapier ersetzte. Was war noch? Ach ja: Häufig werde man auf Menschen treffen, die einem zuwinken, und es sei unhöflich, den Gruß mit der offenen Hand nicht zu erwidern. Mit der rechten wohlgemerkt, denn mit der linken Hand zu wedeln, bedeute so etwas Ähnliches wie »Du mich auch«. Und wenn man auf dem Boden zusammensitzt, solle man niemandem die Fußsohlen entgegenstrecken. Übrigens: Man liebt es überhaupt sauber im Oman. Selbst die Autos sollten nicht verschmutzt sein. Wenn doch, sieht die Verkehrsordnung dafür sogar eine Strafe vor.

Das Piepsen hört auf, das Auto cruist durch einen der vielen Kreisverkehre.
Bevor Sultan Qabus das Ruder im Oman übernahm, hatte er in England die Militärakademie Sandhurst besucht und auch dort studiert. Ob er die Idee der Verkehrsinseln als Alternative zu den Ampeln von dort mitgenommen hat? Als er damit begann, sein Land in die Zukunft zu steuern, holte er sich jedenfalls zahlreiche britische Berater. Sowohl für das Militär als auch für

Der Oman ist ein Land so alt wie die Zeit, sagt der Sultan. Der Hafen von Masqat (unten) hat schon über Jahrhunderte Reisende angezogen.

den Staatsapparat und natürlich für die Erdölindustrie.

## Exponate der Geschichte

Alle diese Verkehrsinseln im Oman sind mit landestypischen Aufbauten geschmückt. »Beautification« ist das programmatische Wort für diese Installationen, die dreidimensionale Darstellungen landestypischer Motive darstellen. Manchmal sieht man Modelle von Burgen, lebensgroße Gipsgüsse der neu angesiedelten Oryxantilope oder überdimensionale Kaffeekannen und Krummdolche. Wie schön diese »Beautification«-Exponate wirklich sind, darüber lässt sich freilich streiten. In jedem Fall sind sie aber Sinnbilder einer königlichen Überzeugung. »Wer keine Vergangenheit hat«, wusste einst schon Sultan Qabus, »hat weder Gegenwart noch Zukunft.«

In diesem Sinne unterstützte Qabus Anfang der 1980er-Jahre auch ein Abenteuerprojekt, das an die ruhmreiche Zeit des Seehandels im 10. Jahrhundert anknüpfen sollte. Innerhalb von 165 Tagen ließ er von erfahrenen Handwerkern aus Teakholz und Kokosnüssen und ohne Nägel nach alter Manier ein Segelschiff, die »Sohar«, bauen und schickte es zusammen mit dem irischen Abenteurer Tim Severin auf die Reise nach Guangzhou in China. Acht Monate und 6000 Seemeilen später erreichten der Skipper und seine omanische Mannschaft ihr Ziel und bewiesen damit, dass es möglich war, diese Strecke in einem aus Seilen zusammengenähten Boot zu bewältigen. Sindbad war wiederauferstanden. Heute liegt die »Sohar« als stolzestes »Beautification«-Exponat auf der Verkehrsinsel in der Nähe des Al-Bustan-Palace-Hotels in einem künstlichen Teich vor Anker.

Die Klimaanlage im Taxi ist auf eiskalt eingestellt. Der Fahrer versteht die Bitte nach etwas klimatischer Gnade aber falsch und dreht den Regler auf die nächsthöhere Stufe. Keiner traut sich, einen zweiten Versuch zu wagen, stattdessen öffnen wir das Fenster einen Spaltbreit und lassen die warme Luft herein. Der Fahrer murrt irgendetwas, vielleicht, weil es den Zettel mit seinem Koranvers, der vom Rückspiegel baumelt, durcheinanderwirbelt.

## Ankunft in der Fremde

»In dem Felsental von Muscat«, schrieb eine Weltreisende, die Österreicherin Ida Pfeiffer, am 1. Mai 1848 in ihr Tagebuch, »herrscht eine ziemlich erdrückende Hitze (in der Sonne 41 Grad Reaumur). Das grelle Licht ist hier sehr gefährlich, weil es weder von Bäumen noch Büschen noch dem kleinsten bisschen

Der Sultanspalast (oben) und die Marina von Masqat (unten). Meilensteine der Neuzeit. Vor 40 Jahren waren Kamele noch das wichtigste Transportmittel (rechts), heute werden sie vor allem bei Rennen eingesetzt, etwa am Nationalfeiertag.

Gras gemildert wird. Man findet keine Europäer, weil das Klima für sie eine tödliche Gefahr darstellt.« Tatsächlich gibt es auch heute noch viele ältere Menschen im Oman, die entweder blind sind oder ein sichtbares Augenleiden haben.
Der Taxifahrer ist etwa 50 Jahre alt. So schnell wie sich die Zeiten hier verändert haben, ist es nicht auszuschließen, dass sein Vater für dieselbe Strecke, die wir gerade zurücklegen, unter der glühenden Sonne einen ganzen Tag gebraucht hat. Als Händler vielleicht, in einer Karawane von Kamelen. Heute kommen Kamele im Oman vor allem noch bei sportlichen Anlässen zum Zug. An den arabischen Wochenenden, also donnerstags und freitags, und an Feiertagen. Das ist dann ein ziemlich aufregendes Szenario – und eine durchaus ernste Sache. Jockeys sind häufig Kinder, die so aussehen, als wären sie auf dem Sattel festgebunden. Beim Start stehen deren Eltern oder die Besitzer der Kamele noch überall auf der Piste und preschen erst auseinander, wenn das Rennen wirklich losgeht. Nach wie vor sind die Tiere aus der Zucht der Beduinen die schnellsten im ganzen Land. Selbst die Kamele aus dem Stall des Sultans hatten dagegen keine Chance. Aber der Sultan wäre nicht der Sultan, wenn er das auf sich sitzen ließe. Vor ein paar Jahren beauftragte er deshalb die Kamelbesamungsanstalt von Hannover, ein neues Super-Gen in seine Zucht einzuführen.
Gemächlich nimmt der Taxifahrer die letzten Kurven zum Hotel. Wir zahlen den vereinbarten Preis und beziehen unsere Zimmer, die einen Blick auf den Hotelpark und die Corniche, die Strandpromenade der Hauptstadt, eröffnen. Worin unterscheidet sich ein islamisches Hotelzimmer von einem westlichen? Eigentlich in nichts. Doch: Die Minibar ist versiegelt, statt der Bibel liegt ein Koran in der Schublade, und auf der Ablage zeigt ein Pfeil, in welcher Richtung Mekka liegt. Doch was das Erlebnis Masqat angeht, ist das bei Weitem nicht die einzige Besonderheit. Der Hauptstadttraum des Sultans ist einer mit vielen Kapiteln.

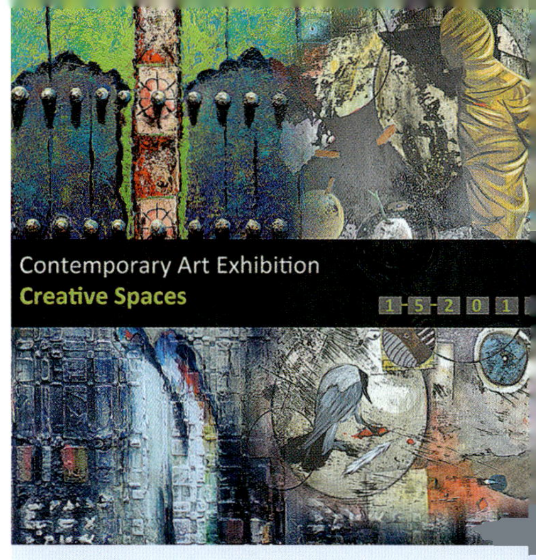


## BRÜCKE ZUR WELT

Zeitgenössische Kunst ist immer ein guter Gradmesser für den Zustand einer Gesellschaft. Leider ist es ja so, dass Kunst oft das Erste ist, was abkühlt, wenn es in einem Land politisch oder gesellschaftlich zu heiß wird. Die Bait Muzna Gallery hat sich ganz bewusst der omanischen Kunst verschrieben. Und zwar nicht nur jener der arrivierten und bekannten Künstler, sondern auch der jungen und aufstrebenden. Damit liefert sie mit ihren Exponaten ein gutes Bild der vergangenen Jahrzehnte. Schon das Gebäude ist sehenswert. Die Galerie nämlich ist in einem dreistöckigen, traditionellen und hervorragend restaurierten omanischen Haus untergebracht, das ursprünglich einem Mitglied der Sultansfamilie gehörte. 2010 feierte die Galerie ihr zehnjähriges Bestehen und hat bei dieser Gelegenheit ihre Grundausrichtung noch einmal bestätigt: eine Brücke zu schlagen zwischen dem Oman und dem Rest der Welt. Nicht zuletzt deshalb sind Touristen hier jederzeit willkommen.

## WEITERE INFORMATIONEN

**Bait Muzna Gallery**,
saidiya street, way 8662, hs. 234, Muscat;
art@baitmuznagallery.com;
www.baitmuznagallery.com

Der Anfang 2020 verstorbene Sultan Qabus ist nach wie vor auf Bildern und im Gedächtnis der Omanis präsent (links). Der Regierungspalast in Masqat (rechts und rechte Seite) ist nur einer von vielen.

# 2 Regierungsbezirk Masqat

## Wo der Sultan zu Hause ist

**Wer sich mit dem Auto der sogenannten Capital Area nähert, wird vergeblich nach besonders gekennzeichneten Wegweisern in die Hauptstadt suchen. »Matrah« liest man auf Hinweisen häufig, »Ruwi« ebenfalls, aber erst wenn man schon in der Stadt ist, sieht man Schilder, die nach »Masqat« weisen. Dort, wo die Stadt tatsächlich so heißt, wohnt der Sultan.**

Der Regierungsbezirk Masqat dehnt sich heute auf einer Strecke von 50 Kilometern von der Stadt Seeb im Nordwesten bis zum Fischerhafen Quriyat im Südosten aus. Aber nachdem die »Stadtteile« der Capital Area im Ursprung einzeln stehende Dörfer waren, hat man die alten Namen einfach beibehalten und sie zum Teil neu gestaltet. Aber, und um es vorauszuschicken: Als Sultan Qabus 1970 einen neuen Flächennutzungsplan für die Hauptstadtregion umzusetzen begann, war der Erhalt der alten Bausubstanzen nicht das oberste Ziel. Vielmehr strebte er eine moderne, effiziente Hauptstadt an. Mit amerikanisch anmutenden Einkaufszentren, repräsentativen Ministerien und einladenden Museen (Qurum), mit einem neuen Verwaltungs-, Botschafts- und Geschäftsviertel (Ruwi) und natürlich mit dem Regierungsbezirk und dem Sultanspalast in Masqat.

### Mit offenen Augen in die Zukunft

Der Fahrer schlängelt unseren Wagen durch ein Labyrinth von Einbahnstraßen. Die sind irgendwie sinnbildlich für die Entwicklung des Landes: Vorwärts sollte es gehen und nie zurück. Das alte Masqat symbolisierte für den Sultan die zu überwindende Zeit der Isolation und Rückständigkeit. Gerade hier, wo vor 1970 noch Sonnenbrillen, Fahrräder, Radios und anderes solch dekadentes Zeug verboten waren, wo die Stadttore bei Einbruch der Dunkelheit geschlossen wurden und jeder, der vor Sonnenaufgang unterwegs war, von Gesetzes we-

Masqat, die alte Hauptstadt hat ein neues Gesicht mit moderner Ästhetik bekommen (unten). Die weißen Häuser der Bediensteten am Al-Alam-al Amer-Palast (rechts oben). Ein handgeschriebener Koran im Museum für omanische Archäologie und Geschichte (rechts unten).

gen eine Laterne tragen musste, sollte ein sichtbares Zeichen der Erneuerung gesetzt werden. Also ließ Qabus den größten Teil der Altstadt schleifen, baute ein neues, immer geöffnetes Stadttor, durch das eine Straße führt, und installierte Flutlichter, die die beiden portugiesischen Festungen Mirani und Djalali sowie den Sultanspalast am Abend in ein festliches Licht tauchen. Kein Zweifel: Hier wurde etwas geplant und geschaffen, das sichtbar sein sollte. Und während das Nebeneinander von neuen Monumenten, Torbögen oder Schmuckbauten mit glänzenden Böden auf der einen Seite und mitunter unschmucken Geländestücken dazwischen manchmal etwas verwundern mag, ist es doch sinnbildlich für das, was im Oman in den vergangenen Jahrzehnten passiert ist. An allen Ecken und Enden des Landes musste der Sultan mit präzisen Plänen und fantasiereichen Visionen Hand anlegen. Dort, wo die Pläne schon vollzogen wurden, erkennt man den brummenden Motor der Entwicklung – und dort, wo es noch nicht passiert ist, den Grund für die Notwendigkeit dieses Plans.

## Sicherheit aus Tradition

Achmed, unser Guide, trägt eine Sonnenbrille. Beim Sultanspalast steigen wir aus und sehen uns die kleine Hafenbucht an. Oben thronen die beiden Festungen, dazwischen der Sultanspalast. Eine gespannte Stimmung umgibt uns hier. Wir spüren die Blicke der Wachleute und versuchen, alles richtig zu machen. »Dürfen wir hier fotografieren?«, fragt unser Fotograf. Und Achmed, der zuvor zur Sicherheit noch mal schnell einen Blick zu den Soldaten wirft, antwortet: »Yes, yes, no problem.« Beim näheren Betrachten der Palastanlage fällt eine Siedlung von weißen Häusern auf, die den Palast umgeben. Weitläufig erstrecken sich die bleichen, aber eleganten Gebäude um den Palast herum. »Was sind das für Gebäude?«, frage ich Achmed. »Oh«, sagt er und lächelt, »das sind die Wohnungen des Personals, das für den Sultan zuständig ist.« Wie viele Menschen dort leben, weiß niemand so genau.

Über den Ursprung der Hafenstadt Masqat selbst ist heute relativ wenig bekannt. Laut einer Legende soll die Stadt von Händlern aus dem heutigen Jemen gegründet worden sein. Aber die erste urkundliche Erwähnung stammt aus der Feder des arabischen Geografen Al Hamadhani im 10. Jahrhundert. Die große Zeit der Stadt begann hingegen erst im 15. Jahrhundert, als die Herrscher von Hormus die Vorteile der von den Bergen geschützten Bucht als Hafen erkannten und ein florierendes Imperium aufbauten. Allerdings sollte dieses Imperium nicht lange leben. Im Jahr 1507 eroberte Alfonso de Albuquerque mit seiner Flotte Masqat und setzte damit einen noch heute sichtbaren Grundstein für dieses portugiesische Intermezzo. Nicht ganz 150 Jahre blieben die Portu-

giesen an der Macht. Dann wurden sie von den Persern vertrieben. Zeit genug, um im ganzen Land architektonische Spuren zu hinterlassen, jedoch zu wenig, um das Land völlig neu zu prägen. Was bei allen wechselseitigen Eroberungen blieb, war die Bedeutung des Hafens von Masqat. Die Stadt war bis Mitte des 19. Jahrhunderts, als die omanischen Seehändler Konkurrenz aus anderen arabischen und europäischen Ländern bekamen, eine wichtige militärische und handelspolitische Drehscheibe im Bereich des Indischen Ozeans. »Dort drüben, auf der anderen Seite der Bucht«, erklärt uns Achmed und nimmt seine Sonnenbrille von der Nase, »sieht man noch die Autogramme der Seeleute, die mit ihren Booten hier für die Zollkontrolle vor Anker lagen.« Die bis zu fünf Meter hohen Lettern auf den Klippen nennen Bootsnamen und Ankunftszeiten auch jüngeren Datums. Wer allerdings heute versucht, in diese Bucht zu segeln, um sich unangemeldet in das felsige Gästebuch einzutragen, sieht in die Mündungsrohre der modernen Artillerie, die vor dem Palast installiert wurde.

Ein breiter Prachtboulevard im Versaillestil mit schweren und dreiarmigen Kandelabern, gesäumt von Arkaden und von einer großen Gärtnerschar gepflegten Blumenrabatten, führt in gerader Linie zum Eingang des Palastes, der von Besuchern nicht besichtigt werden kann.

Der 1974 feierlich eingeweihte Al Alam Royal Palace, in dem schon Sultan Qabus residierte und heute sein Nachfolger, ist ausgerichtet auf den Golf von Oman. Um ihn herum gruppiert sich die kleine und überschaubare Altstadt bzw. das, was noch davon übrig geblieben war, denn die meisten der alten Lehmhäuser und Paläste fielen einst der Errichtung dieser großen, im indischem Blau gehaltenen und von einem indischen Architekten errichteten Anlage zum Opfer.

## Auf historischem Grund

Auch die umliegenden, regierungseigenen und für Repräsentationszwecke errichteten Bauwerke stehen dort, wo sich einst der lebhafte omanische Suq und seine ungezählten und in sanften Halbschatten getauchten Suqgassen sowie die umgebenden, aus Korallenkalkstein errichteten Häuser der Händler befanden. Welch ein Kontrast zur heutigen Szenerie! Zum Glück schätzte man schon damals, als das alles abgerissen wurde, die einheimische Architektur, und so zieren heute diverse islamische Elemente die neuen, autogerechten Stadttore, die die alten und wesentlich schmaleren Holztore ersetzen mussten. Schlendern Sie langsam und aufmerksam durch die Straßen, denn auf diese Weise können Sie noch einige der prächtigen Paläste aus dem 18. und 19. Jahrhundert entdecken.

## MUSEEN DER HAUPTSTADT

Ein guter Einstieg für Oman-Interessierte ist das Museum of Omani Heritage, das früher Oman-Museum hieß. Es ist nur eines von mehreren lohnenswerten Museen, aber das einzige, das sich ausführlich dem Land an sich verschrieben hat. Es bietet einen Überblick über Geschichte, Architektur und Archäologie sowie einen Blick in die Familiensaga des Sultans. Hier bekommt man erste Eindrücke des Landes geliefert und vor allem auch Ideen, wie man die bevorstehenden Ausflüge am besten gestaltet. Ebenfalls empfehlenswert ist ein Besuch im sogenannten National Museum, in dem man zwar nicht viele, aber dafür sehenswerte Objekte und Mobiliar aus dem alten Sultanspalast, Silberschmuck, Dau-Modelle und einige Trachten zu sehen bekommt. Insgesamt sind die Museen im ganzen Land sehr liebevoll gestaltet und geben immer einen guten Überblick. Davon abgesehen wird man an heißen Tagen froh sein, ein bisschen Zeit in klimatisierten Räumen zu verbringen.

## WEITERE INFORMATIONEN

Info@omantourism.de;
www.omantourism.gov.om

## 3 Matrah

### Spuren der Veränderung

**»Hinter Masqat«, schrieb die österreichische Reisebeobachterin Ida Pfeiffer 1848 in ihr Tagebuch, »erstreckt sich ein langes felsiges Tal. Darin findet sich ein Dorf mit mehreren Gräbern und (welch wunderbare Sache!) ein kleiner Garten mit sechs Palmen, einem Feigen- und einem Granatapfelbaum. Dieses Dorf heißt Matrah und ist größer und dichter bevölkert als Masqat.«**

Es ist erstaunlich, wie präzise diese historische Beschreibung ist, und ebenso erstaunlich ist es, wie man immer wieder einiges wiedererkennen kann, was vor so langer Zeit notiert wurde. Gut, nach dem kleinen Garten und dem Granatapfelbaum sucht man in Matrah heute vergebens. Im Gegensatz zu Masqat und auch den anderen Teilen der Hauptstadt ist Matrah aber auch heute noch eine historische Siedlung. Natürlich hat auch hier der stadtplanerische Fortschritt Einzug gehalten, und so musste unter anderem etwa eine alte Trutzburg am westlichen Ende der Bucht dem neuen Containerhafen »Mina Qabus« weichen. Aber entlang der malerischen Küstenstraße im Zentrum kann man noch einige Eindrücke mit Ida Pfeiffer teilen. Zum Beispiel die filigran mit opulentem Schnitzwerk verzierten Handelshäuser aus dem 19. Jahrhundert. Es ist unverkennbar, dass ihre Bauherren aus dem indischen Kulturbereich stammten. Sie waren ursprünglich pakistanische Schiiten, die etwa im 18. Jahrhundert in den Oman kamen und bald zu den erfolgreichsten Händlern im Land zählten. Weil sie außerdem in einer eigenen Glaubensgemeinschaft, jener der Khodjas, zusammengeschlossen waren, lebten sie immer vom Rest der omanischen Bevölkerung abschirmt in diesem Teil von Matrah.

### Wandeln in einem Bilderbuch

Man hat den Eindruck, in einer Postkarte zu wandeln. Alles ist sehr gepflegt, die Straßen geordnet, und der Spazierweg entlang der Bucht ist schön geschmückt. Kleine Pagoden laden zum Verweilen ein, und es lohnt sich,

Stadtkunst an der Al-Bahri-Road in Matrah (rechts). Die blaue Kuppel des dortigen Minaretts (links). Küstenpromenade mit schattigen Pagoden (rechts oben). Innenhof des Bait-al-Baranda-Museums (rechts unten).

dieser Einladung zu folgen – schon um das Land, den Stadtteil und dessen Entwicklung auf sich wirken zu lassen. Immer wieder spürt man hier nämlich auch, was sich in den letzten Jahrzehnten alles getan hat: unermüdlich, plankonform und doch immer konsequent entlang der Vision, dass Tradition und Entwicklung Hand in Hand gehen sollten. Die omanischen Daus, die traditionellen Schiffe, die in der Bucht vor Anker liegen, können das eine symbolisieren, die blaue Kuppel des Minaretts das andere. Und während man einerseits die Ruhe eines traditionsbewussten Landes spürt, ist es unmöglich, die Zeichen der rasanten Entwicklung zu übersehen. So hat etwa der Verkehr in den vergangenen Jahren stark zugenommen – parallel zum Wohlstand, an dem der Sultan sein Volk immer beteiligen wollte. Gleichzeitig blitzt aber immer wieder der Umstand durch, dass der Oman auch in seiner Hauptstadt beim Verwirklichen seiner Zukunft im Rahmen seiner Vergangenheit noch unterwegs ist.

## Alt und Neu in Harmonie

Spätestens wenn man sich zum Riyam-Park aufmacht, der südlich von Matrah Richtung Hauptstadt liegt, sieht man, wie nahe neue und alte Ästhetik hier beieinanderliegen.
Der Park selbst ist modern: Spielplätze laden Kinder ein, Parkbänke deren Eltern. Der schöne Blick auf das Meer und den Hafen bedient die Geschichte, der Park das neue Selbstbewusstsein, und die eigenartige weiße Skulptur, die einen traditionellen Weihrauchbrenner in die Größe eines Aussichtsturms gebracht hat, verdeutlicht den Umgang des modernen Sultanats mit seiner Geschichte. Traditionelle Elemente werden nur zu gerne zitiert. Ein Wahrzeichen mit Nebeneffekt: Das Selbstbewusstsein des Landes wird genauso sichtbar wie die Eile, die das Land hatte, es überhaupt erst zu entwickeln. Ob die Skulpturen auf den Verkehrsinseln, in den Parks oder entlang den Spazierwegen nun also schön, kitschig oder eigenartig sind, spielt an sich keine große Rolle. Sie sind Teil einer rasanten Geschichte, die den Oman und seine Bevölkerung von der Vergangenheit direkt in die Gegenwart katapultiert hat, und damit gehören diese Meilensteine der jüngeren Geschichtsschreibung zur Hauptstadt des Omans wie der Sand zur Wüste, die sich dahinter erstreckt.

## GESCHICHTE HAUTNAH

Das Museum Bait al Baranda hat seinen Namen von dem Balkon (*al baranda* bedeutet wörtlich »Veranda«), der sich entlang der Fassade in der ersten Etage erstreckt. Das Museum erzählt die Geschichte Masqats von seiner geologischen Entstehung bis zum heutigen Tag. Die Präsentation des Museums ist auf ansprechende Art und Weise und mit interaktiven Ausstellungsstücken gestaltet. Zum Beispiel wird die Bewegung der tektonischen Platten über die letzten 750 Millionen Jahre bis heute veranschaulicht. Außerdem enthält das Museum eine Dokumentation der Geschichte des Sultanats von seinen Anfängen bis in die Gegenwart. Und nicht zuletzt ist es in einem Gebäude untergebracht, das man gerne auch mal von innen betrachtet. Das Haus, bekannt auch als »Haus des Nasib«, ist eine der historischen und kulturellen Sehenswürdigkeiten der Stadt. Nasib Bin Mohammed war der Kaufmann, der das Haus im späten 19. Jahrhundert erbauen ließ.

## WEITERE INFORMATIONEN

Info@omantourism.de;
www.omantourism.gov.om

Die Märkte sind wie zweite Wohnzimmer für die Omaner. Auch Goldschmuck kann man hier relativ günstig und in großer Auswahl erwerben (oben und rechts unten).

# 4 Suq in Matrah

## Die Düfte des Orients

**Am späten Nachmittag öffnet in Matrah der traditionelle Markt, der Suq. Hier treffen omanischer Alltag und touristische Attraktion aufeinander. Denn das Leben, das man hier sieht, pulsiert tatsächlich, und doch haben sich die Händler natürlich auch auf ausländische Besucher eingestellt. Wer hierherkommt, gilt automatisch als interessierter Käufer – und fast jeder wird es hier auch.**

Dieser Suq«, erklärt uns Achmed, »ist der größte und wichtigste im Land.« Der Chronik halber muss man sagen, dass auch der Suq nicht mehr der alte, urtümliche ist. Der nämlich ist vor Jahren abgebrannt. Was an dessen Stelle entstand, lässt aber nichts vom Flair der orientalischen Basare vermissen. Und es ist auch gemütlich, unter dem aus Palmblättern geflochtenen Dach zu flanieren. Zu sehen und zu kaufen gibt es hier alles, was das Herz begehrt. Viel Nippes und Plastikzeug wird von geschäftstüchtigen Indern und Pakistani feilgeboten. Daneben aber gibt es auch Omanis, die vor ihrem Angebot an Seidentüchern, Gewürzen oder Schmuck einfach darauf warten, dass ein interessierter Kunde sie anspricht.

### Von Männern und Frauen

Als wir bei einem von lauter Gold glänzendem Laden vorbeikommen, haben wir eine Frage: »Welche Bedeutung hat denn eigentlich der Schmuck im Oman? Wo doch die Frauen fast alle verschleiert sind und man durch den Schleier kaum einen Ohrring oder eine Halskette erkennen kann.« Die Antwort hat Achmed auf der Stelle parat. Schmuck sei eben etwas sehr Persönliches. Wenn ein Mann seiner Frau oder Freundin einen Ohrring schenkt, bedeute das noch lange nicht, dass er will, dass sie ihn gleich zur Schau trage. Außerdem gebe es Stücke, die man nur zu besonderen Anlässen trägt. Den traditionellen Kopfschmuck zum Beispiel. Der sei überhaupt nur für den Hochzeitstag

und vielleicht für besonders private Stunden. Ob er verheiratet sei, fragen wir. »Ja«, sagt er. »Mit wie vielen Frauen?«, frage ich, und Achmed lacht: »Mit einer, und sie ist eifersüchtig.« Dann erzählt er aber, dass er durchaus Männer kenne, die mehrere Frauen haben. Das sei auch in Ordnung im Oman. Es sei aber in erster Linie eine Frage des persönlichen Vermögens. Denn schließlich müsse man jeder Frau, die man heiratet, einen vom Gesetz festgelegten Mindestbetrag übergeben, der dann auch nur der Frau gehört, und das könne sich nicht jeder leisten. Ein Mann, den er kenne und der gleich drei Frauen habe, sei eben ziemlich reich, und jede seiner Frauen habe eine eigene Wohnung, die ihr allein gehört.

## Feierabend der Omaner

Achmed spürt unsere Neugierde und stellt sich geduldig den Fragen. Ob er denn eine zweite Frau heiraten würde, wenn er es sich leisten könnte? »Ja«, sagt er und wiegt den Kopf ein bisschen. Und was würde seine Frau sagen, wenn er jetzt nach Hause käme und ankündigen würde, dass er eine weitere Frau heiraten möchte? Da muss Achmed wieder lachen und ist augenscheinlich froh, dass sein Handy klingelt. Vielleicht war's ja seine Frau, denke ich mir. Aber das Thema ist zu diesem Zeitpunkt abgeschlossen. Draußen auf der Uferpromenade belebt sich unterdessen mit fortschreitender Stunde die Straße. Junge Familien und Männer flanieren Hand in Hand über die Wege, andere sitzen auf den Mäuerchen oder spazieren durch den Suq. Alles ist sehr beschaulich und ruhig, es ist das normale Freizeitprogramm der Omaner.

Eigentlich, sagt Achmed, sei hier nie besonders viel los. Ganz im Gegensatz zur »Love Street«. Überrascht horchen wir auf. »Love Street?« Achmed lächelt und macht ein vielsagendes Gesicht. »Na ja«, sagt er, offiziell heißt die Straße natürlich nicht Love Street, aber unter den jungen Omanern wird sie so genannt. Und weil wir neugierig sind, bitten wir Achmed, uns dorthin zu bringen. Eine Liebesstraße im konservativen Sultanat? Das Geheimnis ist bald gelüftet.

## MAIGLÖCKCHENDUFT FÜR DIE LIEBSTE

»Amouage« ist für Kenner weit mehr als nur ein Mitbringsel aus dem Orient, sondern schlicht das wertvollste und möglicherweise teuerste Parfüm der Welt. Die Zutaten, die der Franzose Guy Robert für diese Kreation verwendet, stammen größtenteils aus dem Oman: Weihrauch, Myrrhe, Jasmin- und Rosenöl, Aprikose, Zitrone, Birne – und natürlich viele andere Wohlgerüche und geheime Tricks. Mit ein bisschen Glück bekommt man zum Anreiz einen Tropfen der jeweils aktuellen »Amouage«-Kreation auf die Hand geträufelt. Es gibt mehrere Fassungen, jede Saison etwas Neues, immer aber auch den Klassiker. Nach Maiglöckchen soll er riechen, was allerdings im Wirrwarr der Duftschwaden der Geschäfte kaum auszumachen ist. Aber liebevoll ist der Duft, den man dann ehrfürchtig auf seinem Handrücken trägt. Rund 150 Euro kostet ein 50-Milliliter-Kristallfläschchen. Wer es noch liebevoller und edler haben will, bekommt dasselbe auch für 800 Euro in einem mit Silber und Gold überzogenen Flakon.

## WEITERE INFORMATIONEN

www.amouage.com

# 5 Qurum

## Die »Liebesstraße«

**Liebe ist im Oman, wie überall, etwas Wichtiges – und etwas, mit dem man weder Handel noch Späße treibt. In diesem Sinn ist der Oman bei aller Weltoffenheit nicht anders als andere arabische Länder. Doch wie begegnen sich junge Männer und Frauen in einem traditionsbewussten arabischen Land? Die Antwortet findet man auf der »Love Street« in Qurum.**

Eines sei vorausgeschickt: Einen Taxifahrer nach der »Love Street« zu fragen, könnte möglicherweise in die falsche Richtung führen. Die »Love Street« hat auch einen zivilen Namen, unter der man sie eher finden kann: Al Shatti Street in Al Shatti, Qurum. Über dem Beginn dieser eleganten Straße am Strand thront das Crowne Plaza Hotel. Dahinter, auf den Qurum Hights, stehen die Prachtvillen der Diplomaten, Politiker und reichen Unternehmer, und westlich davon liegt der Qurum-Naturpark. Für die jungen Omaner selbst hat diese Straße eine spezielle Funktion, und die erzählt viel vom Privatleben der jugendlichen Generation. Achmed, der mit uns hier ist, ist 32 Jahre alt. Für ein Jahr ließ er sich von der omanischen Marine freistellen, bei der er sich vor 13 Jahren als Logistiker verpflichtet hat. Derzeit arbeitet er als Tourguide für einen privaten Reiseunternehmer. Zu seinem Leben gehören die Arbeit genauso wie seine Frau, seine Religiosität, sein Patriotismus, die Neugierde auf die Welt und zwei Handys – das eine privat, das andere beruflich. Auch hier im arabischen Raum ist das Kommunizieren über die kleinen Tasten zur Alltagsbeschäftigung geworden. Natürlich gibt es hier auch spezifische Applikationen für gläubige Muslime: einen Kompass, der einem immer zeigt, wo Mekka liegt, einen Zeitplaner, der einen an die fünf Gebetsstunden erinnert, und eine Datenbank mit den entsprechenden Gebeten. Und dann gibt es noch die improvisierten Sonderfunktionen für die »Love Street«.

Mobiltelefone als diskrete Kontaktbrücke auf der Love Street (links). Das Japengo-Café als Treffpunkt (rechts).

Gepflegte Uferstraße am Kalbuh-Park (oben). Romantik ist Privatsache in Oman (unten). Prachtvilla in der Hauptstadt (rechts oben).

## Dates im Land der Datteln

Es ist später Nachmittag, und die Sonne wird bald untergehen. Von den zahlreichen Bars und Cafés, die sich an der Straße angesiedelt haben, wählen wir das erste. Es heißt »Japengo Café«, und die eleganten runden Sonnendächer auf der Terrasse spenden angenehmen Schatten. Am Nachbartisch wird einer Gruppe von Omanern die erste Wasserpfeife des jungen Abends gereicht, wir entscheiden uns für einen Fruchtcocktail. »Gleich geht's los«, sagt Achmed und lächelt verschmitzt. Dann erzählt er uns, dass das Kennenlernen von jungen Frauen und Männern im Oman im Prinzip auf ganz traditionellen Regeln basiert.

Die erste Entscheidung für ein zukünftiges Paar treffen üblicherweise die Eltern. Wenn die Tochter der einen Familie und der Sohn der anderen Familie alt genug sind, überlegen die beiden Familien gemeinsam, ob die Kombination eine sinnvolle wäre. Wenn man sich in diesem Punkt grundsätzlich einig wird, werden Fotos und Informationen über die beiden ausgetauscht und den beiden Betroffenen überbracht. Sozusagen ein bisschen wie beim Online-Dating, nur ohne Computer. Auf der Grundlage dieses ersten »Profils« überlegen die beiden dann, ob sie einen Schritt weitergehen wollen. Wenn ja, arrangieren die Eltern der beiden Familien ein erstes Treffen. Natürlich werden die beiden bei dieser Gelegenheit noch nicht allein gelassen. Aber sie können miteinander sprechen, sich kennenlernen und sich auch ansehen, solange jemand dabei ist. Erst wenn die beiden sich füreinander entscheiden, es ihren Familien mitteilen und sich dann einander versprechen, sich also verloben, dürfen sie auch zu zweit etwas unternehmen. Allerdings bedeutet das auch dann noch nicht, dass sie Hand in Hand über die Strandpromenade flanieren oder bis spät am Abend unterwegs sind. Das würde von den traditionellen Familien als unschicklich empfunden werden. Und wer würde schon gerne eine Frau oder einen Mann heiraten, die oder der als unschicklich gilt?

## Beziehungen und Kreisverkehr

Natürlich ist das alles einigermaßen kompliziert, und obwohl niemand dieses traditionelle System an sich verurteilt, sind sich viele junge Erwachsene im Oman spätestens über das Fernsehen oder andere Medien bewusst, dass es in anderen Teilen der Welt anders zugeht. Ganz davon abgesehen, dass selbst jene Paare, die auf diese traditionelle Weise und über den »Vor-Filter« der Familie zueinander gefunden

haben, einen Weg finden möchten, sich trotz der strengen Regeln mal in Ruhe und allein zu treffen. Und genau hier kommt die »Love Street« ins Spiel.

»Sehen Sie diesen blauen Toyota dort?«, fragt Achmed und deutet lachend Richtung Straße und auf das genannte Auto mit einer jungen Frau samt Schleier. »Der fährt jetzt schon zum dritten Mal die Straße entlang.« Dann zeigt er auf ein anderes Auto. »Und dieser schwarze Mercedes mit dem Mann am Steuer? Der fährt jetzt schon zum vierten Mal durch den Kreisverkehr.« Diese eigenartige Detektivarbeit scheint Achmed Spaß zu machen. Nun beobachten auch wir die Straße und versuchen, uns die einzelnen Fahrzeuge einzuprägen. Es gibt sie in ganz unterschiedlicher Besetzung. Mal ein Mann allein, mal eine einzelne Frau, mal eine Gruppe von jungen Männern und auch Autos mit mehreren jungen Frauen. Und tatsächlich: Immer wieder ziehen dieselben Autos an uns vorbei. Die Straße hinunter, die Strandpromenade entlang, durch den Kreisverkehr, auf der anderen Seite wieder hoch und über den Kreisverkehr zurück. Aber was genau hat es damit auf sich?

## Kennenlernen dank Bluetooth

Achmed erzählt uns von einer »Sonderfunktion« der Handys. Demnach schalten die Leute in den Autos die Bluetooth-Suche ein, damit sie sich gegenseitig »sehen« können. Jedes Handy hat dabei eine eigene Kennung, die im Umkreis von ein paar Dutzenden Metern auf den jeweils anderen Geräten aufscheint. Jeder kann diese Kennung aber auch bearbeiten und statt des Handynamens oder seines eigenen Namens einen kurzen Text schreiben. »Zuerst schauen sich die Leute in den Autos beim Vorbeifahren nur an«, erzählt Achmed. Wenn sie sich ansprechend finden, schreiben sie sich bei der nächsten Runde über diese Bluetooth-Namensfunktion Nachrichten. Auf der Bluetooth-Kennung steht dann beispielsweise: »Blauer Toyota, ich bin im schwarzen Mercedes.« »Und wenn der blaue Toyota interessiert ist«, sagt Achmed grinsend, »schreibt er bzw. sie zurück.« »Und dann?«, fragen wir nach. »Wer weiß«, schmunzelt Achmed und deutet auf die Straße, wo gerade der blaue Toyota und der schwarze Mercedes hintereinander die »Love Street« Richtung Kreisverkehr verlassen.

»Viel passiert da aber nicht«, sagt Achmed noch. »Man trifft sich, redet miteinander, macht einen Ausflug und verabredet sich vielleicht noch einmal für einen anderen Tag.« Achmed lässt den Blick über den Strand schweifen, wo eine omanische Familie einen Abendspaziergang macht. Ein idyllisches Bild, das dem Gesellschaftsleben des Oman natürlich mehr entspricht als die »Love Street«. Achmed wirkt nachdenklich und sagt plötzlich: »Wir sollten jetzt bald aufbrechen. Morgen besuchen wir die Große Moschee.«

### DIE PARKS DER HAUPTSTADT

Wer mit dem Oman nur trockene Wüste verbindet, wird überrascht sein, die Pracht der Gärten und Parks im Land zu entdecken. Alle Parks sind kostenlos zugänglich und bieten einen guten Überblick über die Flora des Landes. Davon abgesehen spielt sich in den Parks der Hauptstadt auch ein Teil des omanischen Familienlebens ab. Hier bekommt man also ganz nebenher auch einen guten Einblick in den Alltag und die Freizeitgestaltung der Omaner. Ansprechend sind die Parks übrigens alle, denn ihre Gestaltung war den Städteplanern immer ein besonderes Anliegen. Der Qurum-Naturpark wurde 1993 eröffnet und ist der größte in Masqat. Sehenswert ist unter anderem der Rosengarten von Sultan Qabus. Vom internationalen Flughafen Seeb aus, in Richtung Sohar, lohnt sich auch ein Abstecher in den Naseem-Park. Dort sind arabische und japanische Gärten sowie ein Beispiel für das im Oman weitverbreitete Bewässerungssystem der Faladj zu sehen.

### WEITERE INFORMATIONEN

Info@omantourism.de;
www.omantourism.gov.om

Ein Statement für die Welt, ein Treffpunkt für die Gläubigen. Besuch im Zentrum des Islam. Edle Marmorböden, kunstvolle, floral gestaltete Fenster und Leuchter aus Swarowski-Kristall sowie die goldene Kuppel machen die Sultan-Qabus-Moschee zur nicht nur größten, sondern auch wertvollsten Moschee der Welt.

# 6 Sultan-Qabus-Moschee

## Willkommenszeichen für die Welt

**Die Große Sultan-Qabus-Moschee ist ein monumentales Bauwerk. Auf insgesamt 40 Quadratkilometern wurde Anfang des Jahrtausends im Namen des Sultans ein Moscheenkomplex eröffnet, der nicht nur für Muslime ein Signal sein sollte. Auch hier ging es um die Verdeutlichung des neuen Selbstbewusstseins des Sultanats. Und um ein Statement in alle Richtungen – nicht nur nach Mekka.**

Der Parkplatz südlich der Moschee wirkt, als könne er gelassen die ganze Welt empfangen. Und wenn man von dort aus über die leuchtenden Marmorböden auf das Gelände der Moschee gelangt, fühlt man sich erhaben und – was das Wichtigste ist – willkommen. Das liegt vor allem daran, dass die Sultan-Qabus-Moschee eine der sehr wenigen Moscheen im arabischen Raum (und die einzige im Oman) ist, die auch Nicht-Muslime besuchen dürfen. Die hohen Torbögen und die großen Türen sollen alle Interessierten willkommen heißen.

### Einladung zur Kommunikation

Der Plan des Sultans in den 1990er-Jahren war in diesem Sinne unmissverständlich. Etwas mehr als 20 Jahre nach seinem Amtsantritt wollte Sultan Qabus ein Zeichen setzen. Und zwar eines, das nicht nur von seinen gläubigen Untertanen gesehen werden würde und das der Landesreligion, der Ibadiya, gerecht werden könnte, sondern eines, das auch die Nachbarn des Sultanats nicht übersehen konnten. Eine große, unübersehbare Moschee also, die das darstellen sollte, womit der Sultan seine Regierungszeit begonnen hatte: den Aufschwung zur sanften, aber offenen Kommunikation mit der Welt. Und noch mehr: Es sollte eine Moschee werden, die nicht den Muslimen allein vorbehalten war, sondern auch für Menschen anderer Konfessionen die Türen offen hält. Also schrieb Sultan Qabus im Jahr 1992 einen

Hände, Füße und Gesicht werden gewaschen, bevor man die Moschee betritt (oben). Der gigantische Teppich stammt aus Nischapur (unten). Fünfmal am Tag ruft der Muezzin zum Gebet (rechts oben).

beschränkten Wettbewerb aus und suchte unter neun Architekturbüros jenen Bauherrn aus, der den Plan der größten und bedeutendsten Moschee der Welt in die Tat umsetzen sollte. Er fand ihn schließlich in Mohammed Saleh Makiya vom Büro Makiya Associates und den Architekten des Büros Quad Design in London. Und die Wahl war gut. Als die Moschee neun Jahre nach Baubeginn eröffnet wurde, entsprach das Ergebnis genau dem Plan. Vier Türme umrahmen die größte Gebetsstätte des Sultanats, dazwischen ragt ein fünfter Turm weit über die anderen hinaus: das Minarett. Die fünf Türme setzen die fünf Säulen des Islam imposant in Szene. Erstaunlich ist an diesem Ort vor allem, dass er keinen Besucher verschreckt. Man traumwandelt über die glänzenden Böden unter den Arkaden, sieht Menschen, die hier Besinnung suchen, oder Gläubige, die sich in den Waschräumen auf ihr Gebet vorbereiten, und fühlt sich nirgendwo fehl am Platz. Vorausgesetzt, man respektiert den Ort und dessen Regeln: keine Schuhe, keine kurzen Hosen und die Damen mit Kopfbedeckung. Kurz vor dem Hauptportal sind für die Schuhe eigens Regale mit nummerierten Fächern angebracht. Man streift das Schuhwerk ab und tastet sich mit entblößten Sohlen in die Welt der Ibadiya vor.

Der erste Eindruck ist gigantisch, der zweite vor allem weich. 20 000 Gläubige sollen auf dem 21 Tonnen schweren, handgeknüpften persischen Teppich gleichzeitig Platz finden. Die Herstellung dieses Teppichs führte an die Grenzen des technisch Machbaren. Für solche Ausmaße existieren keine Knüpfstühle. Daher musste der Teppich in mehreren musterkonformen Einzelteilen gefertigt werden. Gemeistert wurde das im ostiranischen Nischapur. 600 Knüpferinnen sollen dort drei Jahre lang in jeweils zwei Schichten mit der Herstellung der Einzelteile beschäftigt gewesen sein. Dabei wurden insgesamt 1,7 Milliarden Knoten um die Baumwollkette geschlungen. Anschließend wurden die Einzelteile nach Masqat transportiert und vor Ort zusammengenäht. Das nahm vier weitere Monate in Anspruch. Wie viel der Teppich letztendlich gekostet hat, ist schwer zu sagen, doch bei der Eröffnung kursierten Schätzungen, die sich bei rund 5,5 Millionen Euro einpendelten. Tatsache ist: Der Teppich war bis zur Einweihung der Schaich-Zayid-Moschee in Abu Dhabi der größte der Welt. Das Rundmedaillon liegt passgenau im Rund der Zentralkuppel, dessen Deckenfarben sich in den 28 abgestimmten Pflanzentönen des Teppichkolorits wiederfinden. Nichtgläubige

dürfen den Gebetsteppich nicht betreten. Daher – und zur Schonung des kostbaren Gewebes – ist während der Besichtigungszeiten auf dem Teppich ein blauer Läufer verlegt, den man nicht verlassen darf.

### Swarovski als einleuchtende Wahl

Die reich mit Kalligrafien und Arabesken verzierte Holzdecke der Moschee stellt das optische Gegenstück zum Teppich dar. Über dem Raum wölbt sich eine 50 Meter hohe Kuppel, in deren Mitte einer der größten Lüster der Welt hängt. Seine Grundkonstruktion besteht aus vergoldetem Metall, das einiges aushalten muss: 1122 Lampen und zahllose Swarovskikristalle, zusammen ein Gewicht von rund acht Tonnen.

Doch es sind gar nicht alleine diese Superlative, die den stärksten Eindruck hinterlassen. Zumindest gibt es hier die Möglichkeit, die Wahrnehmung auch schweifen zu lassen. Gerade weil die Moschee auch Touristen (und Touristinnen) offen steht und viele Gäste des Sultanats natürlich auch anderen Religionsgemeinschaften angehören, beginnt man fast zwangsläufig, nach Parallelen zu suchen oder in das religiöse Leben, das sich hier abspielt, hineinzufantasieren. Wie mag es sein, sich als Teil einer großen Menge von Gläubigen kniend auf diesem weichen Teppich einzufinden, sich gemeinsam, wie Eisenspäne vor einem Magneten, nach Mekka auszurichten und die Gebetsformeln zu murmeln? Nachdem die Muslime das fünfmal am Tag tun, ist es klar, dass diese Gebete weit kürzer sind als die sonntäglichen Gottesdienste und Messen der Christen. Vielleicht kommt es in der Wochensumme sogar auf dieselbe Zeit hinaus, nur dass die einen es über die Tage verteilen, die anderen es auf einen Tag konzentrieren.

### Bet-Geschichten in der Moschee

Ein großer Unterschied zwischen christlicher und muslimischer Religion besteht darin, dass bei den Muslimen Männer und Frauen nicht im selben Raum beten. Zwar gibt es auch bei Christen vor allem dörflicher Gemeinden hier und da noch die Angewohnheit, Männer und Frauen getrennt voneinander auf den Kirchenbänken zu positionieren, doch man betritt und verlässt auch dort denselben Raum zur selben Zeit. Der Gebetssaal für Frauen in der Sultan-Qabus-Moschee kann rund 750 Gläubige aufnehmen und fällt damit vergleichsweise bescheiden aus. Aber man betet gemeinsam. So wird das Freitagsgebet vom Hauptgebetsraum auf die Videoleinwand direkt in den Saal der Frauen übertragen. Schließlich, so erklärte es mir einmal ein gläubiger Muslim, geht es ja ums Gebet und nicht um ein gesellschaftliches Ereignis. Beide Gebetsräume in der Sultan-Qabus-Moschee sind übrigens mit großen Uhren aus 14-karätigem Gold ausgestattet. In Abwandlung des Bibelwortes Römer 2,11 könnte man also sagen: Vor der Zeit und derem Fortschreiten sind alle Menschen gleich.

### HÖREN, WAS DER MUEZZIN RUFT

Fünfmal am Tag hört man in muslimischen Ländern den Muezzin rufen, und es lohnt sich, dem Singsang zu lauschen. Die Worte, die der Muezzin ruft, stehen für Menschen, die der arabischen Sprache nicht mächtig sind, gar nicht im Vordergrund, aber die Sprachmelodie ist beeindruckend. Textlich beginnt der Ruf des Muezzins mit den Worten »Allahu akhbar«, auf Deutsch »Allah ist groß«, und die Melodie dazu ist ein Glissando nach oben, das, je nach Muezzin, musikalisch mehr oder weniger ausgefeilt ist. Die Stimmung, die der Gesang verbreitet, ist so oder so beeindruckend. Der erste Mensch, der die Funktion eines Muezzins übernahm, soll der Abessinier Bilal al-Habaschi, ein freigelassener Sklave und enger Vertrauter des Propheten Mohammed, gewesen sein. Häufig wurden früher Blinde mit dieser Aufgabe betraut, damit sie nicht von oben Orte einsehen konnten, an denen sich Frauen aufhielten. Der Ruf erfolgte ursprünglich vom Minarett aus. Inzwischen wird der Ruf aber überwiegend über Lautsprecher bzw. von anderer Stelle übertragen.

### WEITERE INFORMATIONEN

**Sultan-Qabus-Moschee**, Öffnungszeiten: Sa–Do 8:00–11:00, www.oman.de/omanreisen/sehenswertes-oman-ueberblick/sultanqaboosgrandmosque

Sultan-Qabus-Moschee:
Der Leuchter stammt von Swarovski

# Hingabe an den einen Gott

**»Allaa'u Akhbar« tönt es, noch bevor die Sonne ganz aufgegangen ist, von ungezählten Moscheen in Oman und den Emiraten, Männer strömen zum Beten in die Gotteshäuser. Man verneigt sich stets in Richtung Mekka, selbst im Hotelzimmer zeigt ein kleiner Pfeil an der Zimmerdecke die Himmelsrichtung der heiligen Stadt an.**

Treffpunkt ist das wöchentliche Freitagsgebet in der Moschee (unten). Vor dem Gebet werden die Füße gewaschen, mitunter auch im Bewässerungskanal (rechts oben), die Minarette sind auch optisch dominant (rechts unten).

## Grundlagen muslimischen Lebens

Fünf Säulen, so weiß jeder Omani, jeder *national* in Dubai und Abu Dhabi, prägen seine Religion: Es sind dies das tägliche fünfmalige Gebet, also die hingebungsvolle Zwiesprache mit Gott, sowie das Glaubensbekenntnis. Auch die Entrichtung einer Almosensteuer, das sogenannte Zakat, das Spenden an Notleidende und Bedürftige, gehört als Drittes dazu. Ferner die strikte Einhaltung des Fastens im heiligen Monat Ramadan: Jedes Jahr ändert sich das genaue Datum des Monats, in dem die Gläubigen von Sonnenaufgang bis Sonnenuntergang weder essen noch trinken dürfen. Dann ruht auch das gesellschaftliche und kulturelle Leben, für westliche Besucher eine eher schwierige Zeit. Andererseits ist das abendliche Fastenbrechen toll mitzuerleben: Man trifft sich besonders gern mit der Familie in den Restaurants der Luxushotels, wo üppige Büfetts aufgebaut sind, anschließend suchen die Nationals sogenannte Ramadan-Zelte auf, in denen man Musik hört, Wasserpfeife raucht, Gedichte rezitiert. Als Abschluss des vierwöchigen Ramadans wird das Fest Eid al-Fiter zelebriert, in seiner Bedeutung vergleichbar dem Weihnachtsfest. Und schließlich steht als fünfte der »Säulen« mindestens einmal im Leben für einen Muslim auch eine Pilgerfahrt an, die sogenannte Hadsch nach Mekka (in Saudi-Arabien), die jeder Gläubige kahlrasiert und im weißen Baumwollgewand antritt.

## Toleranter Ibadismus

Mit Ausnahme einiger weniger Moscheen dürfen Besucher anderen Glaubens weder in Oman noch in Dubai und Abu Dhabi die Gotteshäuser betreten. Religiöse Toleranz wird dennoch in beiden Ländern praktiziert. In besonderer Weise friedlich-entspannt sind die Omanis, die der ibaditischen Glaubensrichtung zugeordnet werden, während in den Vereinigen Arabischen Emiraten Sunniten die Mehrheit darstellen. Als frühe Abspaltung des Islam versteht sich der überaus tolerante Ibadismus als älteste islamische Rechtsschule, die Gleichwertigkeit aller Religionen ist sogar im Gesetz festgehalten. Wundern Sie sich also nicht über Hindutempel oder christliche Kirchen im Stadtgebiet von Masqat, die hauptsächlich von ausländischen Arbeitskräften aufgesucht werden.

## Göttliche Kraft in der Architektur

Konservativ im positiven Sinne sind die Omanis in Kunst und Architektur. Das im Islam existierende Bilderverbot im religiösen wie profanen Kontext führte im Sultanat zu einer Entwicklung von Alternativen, in diesem Falle zu üppiger, vielfältiger ornamentaler Gestaltung, zu geometrischen Formen und Blumenranken. Ziel der Künstler ist es, die allem Belebten innewohnende göttliche Kraft zum Ausdruck zu bringen. Nicht nur bei Moscheen, sondern auch bei privaten Häusern, in besonderem Maße auch bei luxuriösen Hotels werden traditionelle islamische Stilvorbilder umgesetzt. Für die mitunter sehr wohlhabenden Omanis ist Protzerei ein verwerflicher Charakterzug, sodass ihre Häuser trotz der mitunter beachtlichen Größe stets formal schlicht gehalten sind und sich in auffälliger Weise gleichen. Nicht nur von der farblichen Gestaltung her – alle Häuser sind weiß –, sondern auch von der Architektur, bei der niemand aus der Reihe tanzt: Immer wiederkehrende Gestaltungselemente sind geometrischen Formen und Spitzbogen. Und noch etwas ist besonders: Anders als in den benachbarten Emiraten, wo besonders in Dubai und Abu Dhabi ultramodern gestaltete Wolkenkratzer die Skyline prägen, findet man in Oman keine Hochhäuser vor. Auf Verfügung des Sultans darf nämlich kein Haus höher als neun Stockwerke sein!

Al Bustan (links) und Shangri-La (rechts) gehören zu den großen Luxushotels des Oman. Das Al Bustan mit großem Pool und Gartenanlage (rechts oben) und prachtvoller Empfangshalle (rechts unten) beeindruckt zu jeder Tageszeit.

# 7 Die Traumhotels der Hauptstadt

## Al Bustan, Grand Hyatt und Shangri-La

**»Zeig mir, wie du wohnst, und ich sage dir, wer du bist« – häufig trifft diese alte Redensart zu. Sultan Qabus muss sich wohl so etwas Ähnliches gedacht haben, als er Anfang der 1980er-Jahre das Hotel Al Bustan Palace in Auftrag gab. In diesem Hotel am südlichen Ende der Hauptstadtregion werden heute die offiziellen Staatsgäste untergebracht.**

Entworfen wurde der Prachtpalast von zwei zypriotischen Architekten. Das Projekt war ein Griff nach den Sternen – und ein Unternehmen unter Druck: Am 25. April 1983 wurde mit den Arbeiten begonnen, spätestens zweieinhalb Jahre später sollten sie abgeschlossen sein. Denn im Dezember 1985 wollte Sultan Qabus im Al Bustan das erste Treffen des Golfkooperationsrates auf omanischem Boden veranstalten. Unnötig zu sagen, dass die Sache gelang. Obwohl man dafür halbe Berge wegsprengen und ein ganzes Fischerdorf verlegen musste, obwohl insgesamt 70000 Kubikmeter Beton, 7000 Tonnen Stahl und rund 800 Tonnen Marmor verarbeitet werden mussten, stand der oktagonale Prachtbau schon einige Monate vor dem arabischen Gipfeltreffen.

### Imposante Opulenz

Beeindruckend präsentiert sich heute die Eingangshalle des Hotels. Bevor man das Weihrauch verströmende Beduinenzelt am Eingang und die Sitzgruppen in der Mitte wahrnimmt, wird man von dem 33 Meter hohen Atrium förmlich aufgesaugt. Man fühlt sich an eine Kathedrale erinnert. Die hohen, mit Spiegeln versehenen Säulen, die im Verhältnis zum Grundriss ein zweites inneres Achteck bilden, treffen ganz oben auf eine riesige, gold schimmernde Kuppel. Die Säulen wurden in Großbritannien angefertigt. Da dort gleich mehrere Firmen für die Stahlpfeiler verantwortlich waren und man, was die Passgenauigkeit angeht, ganz sicher gehen wollte, stellte man die Rahmenkonstruktion vor der Verschiffung in den

Al Bustan Palace: eine kostbare Ausstattung, wie sie einem Sultan gebührt (oben). Das Restaurant (unten) ist auch für Nicht-Hotelgäste offen. Grand Hyatt – der Hoteltraum eines Jemeniten (rechts oben).

Oman probehalber auf einem Sportplatz in Liverpool auf. Ein beeindruckendes Bild muss das damals abgegeben haben, und ein beeindruckendes Bild ist es heute.
Rund 400 Millionen Euro soll der Bau insgesamt gekostet haben. Auf die 250 Zimmer umgerechnet sind das immerhin mehr als eineinhalb Millionen Euro pro Einheit. Aber was ein echter Traum ist, der hat weder Zahlen noch Dimensionen, und im Ergebnis erkennt man, dass der Sultan für diesen Traum keine Kompromisse akzeptierte.

## Der Griff nach den Sternen

Ein anderer Traum, wenn auch viel privater, ist jener, der den ursprünglich aus Jemen stammenden Scheich Ahmad Farid beseelte. Farid, ein Spross der 7000 Jahre alten jemenitischen Herrscherfamilie, floh Ende der 1960er-Jahre, als die Monarchie im Kampf gegen kommunistische Kriegergruppen das Nachsehen hatte, über die Grenze in den Oman. Zuerst ging er dann nach England, wo er studierte, danach verpflichtete er sich in der omanischen Armee, um im Süden des Landes, im Dhofar-Krieg, gegen ebenjene Banden zu kämpfen, die ihn aus seinem Land vertrieben hatten. Am Ende dieses Krieges, mit dem auch für den Oman eine friedliche Zeit und gleichzeitig jene des Aufschwungs begann, gründete Farid eine Baufirma, die sich auch angesichts der guten Auftragslage bald zur ertragreichsten des Landes entwickelte. Nebenher widmete er sich auch seinem Hobby: der Schatzsuche.
Das Grand-Hyatt-Regency-Hotel, das im Jahr 1998 eröffnet wurde, ist irgendwie die Summe all dieser Erfahrungen Farids. Mit 280 Zimmern und Baukosten in Höhe von etwa 130 Millionen Euro ist es die bisher größte private Investition im Land und schon deshalb ein beachtliches Traumhaus.
Das Feinste von überall wollte der Bauherr für seinen Märchenpalast zusammentragen, und konsequent ging er auch diesen Weg: mit omanischen Reliefs, jemenitischen Mauerabsätzen, italienischen Designerlampen und einem österreichischen Flügel. Geld sollte keine Rolle spielen. Schon im Foyer ist kein Zentimeter dem Zufall überlassen. Beherrschendes Element ist hier eine Reiterstatue, die sich in einer Stunde einmal um die eigene Achse dreht. Langsam genug, um es beim Hinsehen nicht zu merken, schnell genug, um beim zweiten Blick verwirrt zu sein. Hoch über dem Reiter und seinem Falken glitzern die Sterne in der Kuppel. Ein überraschender Effekt auch hier: Die Sternbilder

verändern sich kontinuierlich. Unter den Baldachinen in der Halle konferieren arabische Unternehmer. An den Kopfbedeckungen erkennt man deren Herkunft: Saudi-Araber, Omaner, Jemeniten ... jeder scheint sich wohlzufühlen.

### Schätze und ihre Einschätzung

Bei der Eröffnungsfeier kam Scheich Farid kurzfristig in Bedrängnis. Auslöser war im Grunde sein Hobby, die Schatzsuche. Die vom Scheich finanzierte Bergung eines Schatzes vor der Küste Omans hatte bis dahin schon einige Silbermünzen ans Tageslicht gebracht, die in den 1940er-Jahren im Auftrag eines saudischen Herrschers in den USA geprägt wurden. 1944 wurde das Transportschiff, die »John Barry«, auf dem Weg zum Auftraggeber von einem deutschen U-Boot getroffen und versenkt. Jahrzehntelang, bis Scheich Farid mit der Bergung begann, schlummerten die Münzen in den Tiefen des Meeres. So stolz war Farid auf die ersten Münzen, die aus dem Meer kamen, dass er beschloss, eine kleine Auswahl in die Theke der Hotelbar einzuarbeiten. So, dass jeder sie bewundern konnte, und so, dass sie andererseits niemand einfach mitgehen lassen konnte.
Das Problem, das bei der Eröffnungsfeier für große Aufregung sorgte, war, dass die Münzen auf einer Seite mit dem Symbol für Mekka versehen sind. Einige der islamischen Ehrengäste fanden es gar nicht angebracht, dass man sich über diesem Symbol mit hochprozentigem Alkohol zuprosten sollte. Scheich Farid beugte sich der Empörung und ließ die Silbermünzen mit großem Aufwand wieder von der Theke entfernen. Stattdessen legte er vergleichsweise unschmucke Exemplare gängiger Münzen aus aller Welt ein. Der Reiz, in der Bar über den Schatz und diese Geschichte zu parlieren, ist aber in jedem Fall geblieben.

### Und es wird weiter geträumt

Ein drittes Hotel der Träume in der Hauptstadt ist das Shangri La's Barr Al Jissah Resort and Spa. Das an die Küste des Golfs von Masqat angeschmiegte Hotel markiert einen neuen Standard in der Tourismusentwicklung des Oman. Und zwar aus gleich mehreren Perspektiven. Zum einen kann man in der 124 Hektar großen Anlage getrost seinen gesamten Urlaub verbringen und doch jeden Tag etwas Neues sehen, zum anderen gehört das Shangri-La auch zu jenen Immobilienprojekten, bei denen auch Ausländer sich als Besitzer einkaufen können. Aber selbst wenn man hier nichts kauft, sondern nur wohnen will, hat man die Wahl zwischen 650 einzigartigen Zimmern und Suiten. Ob Al Bustan, Grand Hyatt oder Shangri-La, natürlich haben die Gästezimmer in all diesen Hotels ihren Preis. Aber über eines gibt es wohl keinen Zweifel: Wer eine Nacht in einem dieser Hotels verbringt, darf sich für diese Zeit ganz ungeniert so fühlen, als wäre er etwas Besonderes an einem ganz besonderen Ort.

## SPEISEN IM SHANGRI-LA

Die meisten internationalen Hotels bieten nicht nur ihren Gästen ein ausgewähltes Essen, sondern auch jedem, der dort rechtzeitig einen Tisch reserviert. Zum Beispiel das Shangri-La. Gleich zwei Restaurants gibt es hier, die einem gleichzeitig auch die Gelegenheit bieten, das Hotel aus der Nähe zu sehen, wenn man nicht dort eingebucht ist. Das eine heißt *Sharazad* und bietet in eleganter orientalischer Atmosphäre exzellente Spezialitäten aus Marokko an. Das andere heißt *Al Tanoor* und lohnt sich vor allem deshalb, weil man hier die sublimierte Form der omanischen Küche probieren kann. Ergänzt wird das lokale Angebot durch Spezialitäten aus Südeuropa und Indien und natürlich durch die ansprechende Gestaltung des Restaurants im arabischen Stil. Ein abendlicher Ausflug hierher verspricht also auf jeden Fall ein kulinarisches und ein atmosphärisches Erlebnis zu werden.

## WEITERE INFORMATIONEN

**Shangri-La-Hotel,**
PO Box 644, Muscat 100,
Sultanate of Oman,
www.shangri-la.com

# 8 Royal Opera House Muscat

## Sindbads Opernhaus

**»Einzigartig« ist ein Wort, das im Oman immer wieder Verwendung findet, vor allem, wenn es um die Beschreibung von Plänen, Visionen und Bauwerken geht. Das omanische Royal Opera House in der Hauptstadt verdient dieses Attribut auf jeden Fall – schon aufgrund der Tatsache, dass es lange Zeit das einzige Opernhaus der Golfstaaten war.**

Sultan Qabus liebte die klassische Musik. Er liebte die Oper, er liebte Symphonieorchester, und er liebte ganz besonders die Orgel. So war es nur eine Frage der Zeit, bis der Sultan sich auch den Traum erfüllte, ein wirklich repräsentatives Opernhaus in der Hauptstadt zu bauen. Natürlich war es nicht das erste große Bauprojekt in Masqat, zuerst gab es noch viele andere Dinge zu tun. Doch es war eines, das Qabus ganz eindeutig am Herzen lag. Nicht nur ein einfacher Aufführungsort sollte es werden, kein übliches Theater, sondern ein Haus, das auch über die Grenzen des Landes hinaus eine Strahlkraft entwickeln kann. Und es besteht kein Zweifel daran, dass das am Ende geglückt ist. Hier genießen Sie klassische Musik in der Wüste und das in Hochgenuss!

### Vorhang auf – Premiere für den Sultan

Im Jahr 2001 schon verfügte Sultan Qabus in einem königlichen Dekret den Bau dieses Opernhauses, und als es dann zehn Jahre später im Rahmen eines Galaabends im Kreise ausgewählter Ehrengäste eröffnet wurde, waren die Kommentare über Geldverschwendung zwar noch nicht verstummt, aber die Kritiker standen zumindest erst mal staunend da. Verdis *Rigoletto* wurde an diesem Vorpremierenabend gegeben, und Sultan Qabus stellte zur Eröffnung fest: »Im Laufe seiner langen Geschichte hat der Oman sich auf zahlreichen kulturellen Gebieten ausgezeichnet, und jetzt ist die Zeit gekommen, um in diesem Kontext den Höhepunkt zu erreichen, indem wir an der Weltkultur teilhaben und einen wirksamen und

Mit dem Opernhaus hat sich der Sultan einen persönlichen Traum erfüllt (unten). Das Foyer der Oper soll auch internationale Stars beeindrucken (rechts oben).

aktiven Beitrag zu ihrer Entwicklung leisten.« Tatsächlich griffen der Sultan und seine Opernverwaltung gleich in der ersten Spielzeit zu den Sternen. Als die Theatersaison einen Monat nach dem Galaabend am 14. Oktober 2011 eröffnet wurde, stand Puccinis *Turandot* auf dem Programm. Und zwar mit Startenor Placido Domingo am Dirigentenpult und Starregisseur Franco Zeffirelli als Produzent. Beiden wurde anschließend die Ehrenmedaille des Sultanats übereicht.

Das Royal Opera House soll aber deutlich mehr sein als nur ein klassisches Opernhaus im westlichen Stil für vermögende Touristen. Schon beim Betreten des Foyers und beim Betrachten der imposanten Architektur, der kostbaren Täfelung und der beeindruckenden Lüster zeigt sich, wie versiert hier das Duett zwischen arabischer und westlicher Kunst komponiert wurde. Nichts wurde dem Zufall überlassen, alles wurde im Sinne des Anspruchs inszeniert, sowohl westliche als auch arabische Musikliebhaber, sowohl Touristen als auch Omaner zu überzeugen.

## Inszenierung zwischen den Welten

Ähnlich wie in modernen Flugzeugen ist in der Rückenlehne jedes Sitzes ein kleiner Monitor installiert, auf dem man die Operntexte in seiner eigenen Sprache verfolgen kann. Und natürlich wird hier nicht nur klassische Oper oder klassisches Ballett geboten. Das Programm ist breit gefasst: Dargeboten werden Opern, Kindermusicals und Konzerte arabischer Orchester, indischer Musik und sogar Jazz. Und natürlich werden auch die 70 Register des königlichen Lieblingsinstruments, der Konzertorgel von Johannes Klais aus Bonn, ab und zu zum Erklingen gebracht. Anders ausgedrückt: Es gibt eigentlich keinen Abend, an dem es sich nicht lohnen würde, in diesem Theater zu sitzen. Übrigens: Die Tickets für die 1100 Plätze, die alle einen perfekten Blick auf die 32 Meter hohe Bühne haben, sind vom Sultan preislich gedeckelt worden. Die billigsten Eintrittskarten bekommt man schon für 10 Euro, die teuersten für maximal 160 Euro. Und für Omaner sind sie noch ein bisschen billiger. Lohnenswert ist es aber für alle.

## ABWECHSLUNG FÜR DIE OHREN

Immer in denselben musikalischen Bahnen zu fahren, kann nicht das einzige Ziel für die Ohren sein. Natürlich bieten die Konzerthallen wie jene im Al Bustan Hotel und die Oper in Masqat auch hervorragende Interpreten klassischer bzw. westlicher Musik an, und weil man hier keine Kompromisse eingehen will, kann man eigentlich immer sicher sein, etwas qualitativ Hochwertiges zu hören. Doch wenn man schon mal im arabischen Raum ist und die Wahl hat, sollte man sich zumindest einmal auch auf die Klänge, Instrumente und die Musik dieser Region einlassen. Zu hören bekommt man diese Musik in vielen Hotels am Abend. Etwa im Crowne-Plaza-Hotel. Aber die aktiven Gruppen ziehen von Veranstaltungsort zu Veranstaltungsort, und man kann sich in jeder Hotellobby nach dem aktuellen Programm erkundigen. Man wird es auf keinen Fall bereuen. Von Zupfinstrumenten wie der arabischen Laute Oud bis hin zu den zahlreichen Perkussionsinstrumenten – es gibt viel zu entdecken.

## WEITERE INFORMATIONEN

**Royal Opera House Muscat**, Shatti Al Qurum, Muscat – Sultanate of Oman, P.O. Box 35, P.C. 103 Bareeq Al Shatti, info@rohmuscat.org.om; www.rohmuscat.org.om

The Wave: Die Zukunft ist geplant. Immobilien auch für Nicht-Omaner (oben). Einige Teile, wie der Jachthafen, stehen schon (rechts unten).

# 9 The Wave

## Immobilienkauf im Oman

**Ein Projekt, das bereits hohe Wellen schlug und den Luxustourismus in Oman weiter vorantreibt. Dubai hat seine Palm Islands, Masqat besitzt The Wave, eine künstlich geschaffene Halbinsel in Form einer gigantischen Welle, die im äußersten Westen der Capital Area entlang der Küste und nahe des kleinen Fischerdorfs Seeb liegt.**

Michael Lenarduzzi ist ein Manager, wie er im Buche steht. Er ist wach, energetisch und in jedem Moment darauf konzentriert, alles wahrzunehmen und seine Umgebung zu scannen. In diesem Fall ist es eine kleine Gruppe, die aus einem Journalisten, einem Fotografen und einem Abgesandten des Informationsministeriums besteht. Alle Ohren und Augen der Anwesenden sind auf Empfang, Michael Lenarduzzi ist in seinem Element.

### Ein Projekt, das eine hohe Welle schlägt

Wir sitzen im noblen Besprechungszimmer der Managementzentrale von »The Wave«, einem ehrgeizigen und erstaunlichen Immobilienprojekt in der Nähe der Hauptstadt Masqat. Rund 2,9 Milliarden Euro wurden für die Realisierung einer Siedlung in Form einer Meereswelle bereitgestellt, die schon aufgrund dieser gewählten Form aus der Natur ein bisschen an »Palm Island« in Dubai erinnert. Doch die Unterschiede sind weit größer als die Gemeinsamkeiten. Gemeinsam sind den beiden Projekten die Idee, auch ausländische Investoren zuzulassen, und der Grundsatz, dass hier jeder erstmals eine omanische Immobilie erwerben kann – solange er es sich leisten kann.
»Doch die Grundvoraussetzungen sind ganz verschieden«, sagt Lenarduzzi. »Denn ohne den Dubai-Projekten etwas absprechen zu wollen, hier im Oman punktet man mit dem, was das Land landschaftlich von vornherein zu bieten hat, während man in Dubai nur präsentieren kann, was man künstlich baut. Davon abge-

sehen«, sagt Lenarduzzi noch mit einem Blick zum Vertreter des Informationsministeriums, »hat man sich hier nichts weniger vorgenommen, als das Beste in diesem Bereich zu machen, und das wird auch gelingen.«

### Alles, was man zum Leben braucht

Tatsächlich ist es erstaunlich, was »The Wave« alles beinhaltet. Das Gelände der schmucken Siedlung lehnt sich entlang einem sechs Kilometer langen Strand an die Küste und besteht aus 4000 Villen, Apartments und Stadthäusern, einem 18-Loch-Golfplatz – entworfen vom australischen Profigolfer Greg Norman –, einer Marina mit 300 Liegeplätzen für Jachten und drei luxuriösen 5-Sterne-Hotels. Und die Geschäfte laufen gut. Immerhin 1200 Wohnungen und Villen wurden inzwischen verkauft, 850 tatsächlich auch schon übergeben, darunter auch an sehr prominente Omaner. »Preislich sind die Immobilien aber auch einigermaßen erschwinglich«, betont einer der Männer im Verkaufsbüro. Etwa 200 000 US-Dollar, also umgerechnet rund 160 000 Euro kostet eine Wohnung, die Villen ungefähr doppelt so viel und die Luxus-Residenzen mit gut 450 Quadratmetern Wohnfläche an die 1,2 Millionen Euro. »Der Clou ist«, sagt der omanische Sales-Mann, »dass es sich hier um absolut steuerfreies Eigentum handelt. Es gibt weder eine Besitzsteuer noch eine Steuer auf die eingenommene Miete, wenn man die Immobile nicht selbst bewohnt.« Klar, dass das als Konzept Erfolg verspricht.

Die Entscheidung, hier Omaner und Nicht-Omaner zusammen leben und wohnen zu lassen, ist eine ganz bewusste. Doch was die Organisation und Verwaltung von »The Wave« angeht, setzt man auf das Prinzip der »Omanisierung«. Und das bedeutet, dass heute rund 75 Prozent der Mitarbeiter Omaner sind. »Und das ist auch gut so«, sagt Michael Lenarduzzi, »denn die Omaner wissen genau, was sie wollen und was sie tun.« »Und was ist das genau?«, frage ich den CEO. »Ganz einfach«, antwortet der, »Tourismus mit Qualitätsanspruch.« Und der Abgesandte des Ministeriums nickt.

### GOLFEN IM GOLF

Spontan würde es einem vielleicht nicht einfallen, im Oman nach einem Golfplatz zu suchen. Doch in der neu entwickelten Siedlung »The Wave« hat man auch an die Anhänger dieser Sportart gedacht und einen 18-Loch-Platz geschaffen, den kein Geringerer als Profigolfer Greg Norman entworfen hat. Man kann also getrost davon ausgehen, dass man hier eine bestens durchdachte Anlage vorfindet – übrigens für alle Ansprüche und Tageszeiten. Denn es gibt sowohl eine Trainings-Akademie als auch eine mit Flutlicht ausgestattete Driving Range und einen Par-3-Kurs. Derzeit hat der neue Golfclub rund 250 Mitglieder, von denen der größte Teil Briten sind. Ihnen gegenüber stehen 57 Angestellte, die zu zwei Dritteln Omaner sind. Natürlich geht es auf dem Platz und dem dazugehörigen Café und dem Shop zu jeder Zeit professionell zu, und man wird liebevoll betreut. 3000 Euro kostet die Jahresmitgliedschaft, aber man kann auch nur mal für einen Tag vorbeischauen. Die Greenfee liegt bei umgerechnet ca. 75 Euro.

### WEITERE INFORMATIONEN

**The Wave,**
www.thewavemuscat.com

# 10 Oman Dive Center

## Das neue Tauchparadies

**Tauchen mag inzwischen zu einem Massensport geworden sein, trotzdem entspricht diese Art von Tourismus genau dem, was der Oman in seinem Land anbieten will: einen stillen Qualitätstourismus, bei dem der Besucher das zu sehen bekommt, was das Land an Schönheiten zu bieten hat. Und natürlich anders als in vielen anderen Tauchdestinationen der Welt.**

Es gibt viele Arten, den Tauchsport zu erleben, und viele atmen inzwischen leider den Odem der Massenabfertigung. Klar: Niemand kann dem Roten Meer die Faszination des Artenreichtums direkt vor dem Hausriff des jeweiligen Hotels absprechen, und kein Taucher kommt ohne Herzklopfen an den gigantischen Sichtweiten und faszinierenden Großfischbegegnungen auf den Malediven vorbei. Doch was der Oman entlang seiner 1500 Kilometer langen Küste anbietet, ist dennoch faszinierend und einzigartig. Auch wenn die Sichtweiten immer wieder mal zu wünschen lassen. Dabei ist das gleichzeitig auch die gute Nachricht. Denn die Tauchspots im Oman sind von einem besonders gesunden und nährstoffreichen Meer geprägt. Der Planktongehalt ist hoch, die Flora und Fauna unter Wasser sind gesund. Davon abgesehen ist man im Oman sehr darauf bedacht, den Tauchtourismus nicht aus der Hand zu geben und die Natur entsprechend zu schützen. Anders ausgedrückt: Das Sultanat hält seine schützende (und kontrollierende) Hand über die omanischen Tauchspots und sorgt dafür, dass die Qualität nicht nach unten wegrutscht – so auch beim royalen Oman Dive Center in Masqat.

### Im Dienste Seiner Majestät

»Wer hätte gedacht«, sagt der neue deutsche Tauch-Guide Chris lächelnd, während das elegante Boot sich den Weg aus der Bucht bahnt, »dass ich als Taucher mal einen Beamtenstatus haben würde.« Die Tauchbasis nämlich wird

Tauchen im Oman: Anemonenfische und Schildkröten gehören zu den garantierten Begleitern (unten). Mit luxuriösen Booten geht es zum Tauchspot (rechts oben).

zwar von Deutschen geführt, gehört aber dem Sultanat, das keine Mittel scheut, alles in bester Ordnung zu haben. In der Folge ist die gesamte Ausrüstung samt Kompressoren immer auf dem neuesten Stand. Genauso wie die Tauchboote oder das Center selbst. Übrigens: Wohnen kann man hier natürlich auch, und es ist erfrischend, den Unterschied zu einem Hotel mit kleiner Tauchbasis zu spüren. Hier ist die Tauchbasis die Hauptsache, und wer will, kann natürlich auch ein Zimmer beziehen. Kraftvoll schiebt sich das Boot aus der Bucht, vorbei an beeindruckenden Felsformationen, die sich aus dem Meer erheben, und vorbei an der prachtvollen 6-Sterne-Hotelanlage des Shangri-La. Luxus für gehobenen Anspruch, eine touristische Kleinstadt, die keine Kompromisse vorsieht.

## Die ganze Unterwasserwelt

Zahlreiche Tauchspots stehen in dieser Gegend im Angebot. Ras al Sawadi, die Daymniyat-Inseln, das Wrack der »Al-Munassir« ... je nachdem, wie viel Erfahrung man mitbringt. Was sich aber auf jeden Fall lohnt, auch über den handelsüblichen »Checkdive« hinaus, sind Tauchgänge zwischen fünf und 20 Metern Tiefe. Schildkröten, Steinfische, Anemonenfische, Muränen ... es gibt einiges zu sehen und zu fotografieren. Aufgrund dieser vergleichsweise geringen Tiefen ist man allerdings gut beraten, etwas mehr Blei einzuplanen, als man üblicherweise und bei größeren Tiefen gewohnt ist. Und man sollte sich auf die Erfahrung von spürbaren Temperaturstufen einstellen. Denn die bringen Unterschiede von gut fünf Grad mit sich. Ungemütlich wird es aber zu keiner Zeit des Jahres, denn die Wassertemperaturen liegen im Oman immer zwischen 26 und 34 Grad. Doch weil man hier durchaus auch in Untiefen taucht und die Tauchzeit deshalb leicht über die handelsübliche Stunde hinausgeht, lohnt es sich, einen Tauchanzug mit über drei Millimetern Stärke mitzubringen. Auf dem Weg zurück erzählt Chris noch, was er sich von seiner Zeit hier im Oman erwartet. Viel Tauchen gehört natürlich dazu und Sicherheit, die ihm als »Beamter« im Sultanat gefällt. Und dann natürlich ein paar Walhaie. »Bis jetzt«, gibt er zu, »war noch keiner dabei.« Doch es gibt keinen Zweifel daran, dass auch dieser Wunsch bald erfüllt werden wird.

### NACHTTAUCHGANG IM GOLF VON MASQAT

Wer mindestens die zweite Stufe der Taucherkarriere erreicht hat und damit eine geeignete Zulassung für Nachttauchgänge besitzt, sollte gerade im Oman einen solchen Tauchgang bei Dunkelheit anpeilen. Zum einen, weil Nachttauchgänge ohnehin ein guter Tipp sind und man bei dieser Gelegenheit die tagaktiven Tiere in Ruhe fotografieren und die nachtaktiven Meeresbewohner erst richtig sehen kann, zum anderen aber, weil das Meer bei dem vielen Plankton, das es hier enthält, geradezu leuchtet wie ein Weihnachtsbaum. Wer daran denkt, noch seinen »Open water«-Schein auszubauen, sollte sich auch überlegen, das hier im Oman zu tun. Alles, was man dazu braucht, bietet auch die omanische Tauchschule im Oman Dive Center.

### WEITERE INFORMATIONEN

www.omandivecenter.com

Zukunft Handel: Der Frachthafen von Sohar soll den Oman mit der Welt verbinden. Auch umfangreiche Industrieanlagen befinden sich hier.

# 11 Sohar

## Der Superhafen

**Wenn es etwas gibt, das für die omanische Wirtschaftsentwicklung besonders wenig kennzeichnend ist, so ist es das Wort »Stillstand«. Schon längere Zeit schöpft das Sultanat einigen Wohlstand aus den Ölreserven, doch das allein soll es für die Zukunft nicht sein. Sichtbar wird das an vielen Orten, besonders aber an Projekten wie dem Industriehafen und -gelände in Sohar.**

Die Wirtschaftsdaten des Sultanats lassen sich sehen. Im Jahr 2018 betrug das Wachstum des realen Bruttoinlandsprodukts in Oman rund 1,8 Prozent gegenüber dem Vorjahr. Für das Jahr 2024 wird das Wachstum des realen Bruttoinlandsprodukts in Oman auf rund 1,6 Prozent gegenüber dem Vorjahr prognostiziert. Sultan Qabus begann schon früh, mehrere Wirtschaftsbereiche zu stärken: den Tourismus, aber auch den Handel. So entstanden Strukturen wie der Hafen von Sohar, der schon jetzt, lange bevor er seine letztendliche Größe erreicht hat, zu einem wesentlichen Wirtschaftsfaktor im arabischen Raum geworden ist. Und weil der Sultan immer auch auf Kooperationen gesetzt hat, ist der Hafen von Sohar ein Gemeinschaftsprojekt zwischen dem Sultan und dem niederländischen Hafen Rotterdam.

### Know-how aus den Niederlanden

So ist es denn, gleich nach unserer Begrüßung durch die omanische Senior Communication Officer Aisha Al Maamari, ein Holländer, der uns im Hafen von Sohar empfängt. Yvo de Zwart, der Executive Technical Manager des Hafens, ist ein strahlender Fan des Sultanats. Während er uns durch die Sicherheitsschleusen lotst, er-

zählt er von der strategischen Bedeutung dieses neuen Hafenprojekts. Seit 2005 ist der Hafen von Sohar in Betrieb. Die größten Schiffe der Welt docken hier an und sorgen dafür, dass die 120 Angestellten im Hafen beschäftigt sind. »Dieser Industriehafen ist konstant am Expandieren«, erzählt de Zwart und fügt hinzu, dass die Mitarbeiterzahl in den vergangenen sieben Jahren verzehnfacht wurde. »Mittelfristig«, so de Zwart, »entsteht hier ein riesiges internationales Industriegebiet. Riesentanker und Frachtschiffe werden hier andocken, ihre Fracht wird vor Ort verarbeitet und die verfeinerte oder bearbeitete Fracht wieder eingeschifft werden. Und das alles mit allerhöchster Effizienz und einem Sinn für ökologisches Denken.«

## Von hier in die ganze Welt

Bei einer Rundfahrt wird gerade ein Riesenfrachter entladen. In diesem Fall geht es um Eisenpellets, die verarbeitet und gleich wieder geladen werden. Dasselbe passiert mit Rohöl und anderen Frachtgütern. »Außerdem«, schwärmt Yvo de Zwart, »wird es hier bald eine 4500 Hektar große Freihandelszone geben.« Kein Zweifel: Der Oman meint es ernst mit seinem Plan, die Volkswirtschaft zu diversifizieren. Und die Bevölkerung zieht offenbar mit. Als der Arabische Frühling in den Nachbarregionen für Unruhe sorgte, waren Familie und Freunde von Yvo de Zwart um ihn besorgt. Doch der konnte nur Beschwichtigendes berichten. »Hier«, sagt er, »war das alles gar nicht so schlimm. Die Leute wissen, dass es ihnen mit ihrem Sultan und seinem Plan für eine omanische Zukunft jenseits der Ölabhängigkeit gut geht.« Und das Vertrauen ist berechtigt. Yvo der Zwart jedenfalls ist zuversichtlich. Wenn der Hafen mal voll in Schwung sein wird, wird er einer der wichtigsten auf der Welt sein. Ob er selbst dann noch hier sein wird, steht auf einem anderen Blatt, denn die Omanisierung, deren Ziel das Know-how omanischer Spezialisten ist, wird bis dahin möglicherweise Früchte tragen. Schon jetzt werden auch Frauen ausgebildet. Doch wenn es irgendwie geht, will de Zwart bleiben – weil das Land und seine Entwicklung ihn wirklich interessieren.

### SOHAR, DIE STADT UND DAS FORT

Sohar hat eine äußerst wechselhafte Geschichte und ist derzeit wieder dabei, aufzublühen. Heute hat die Stadt, die gleichzeitig Hauptstadt und Zentrum der Region al-Batina ist, rund 90 000 Einwohner. Doch bis zu ihrer Zerstörung durch die Perser Ende des ersten Jahrtausends war sie eine der reichsten und bedeutendsten Städte der arabischen Welt. Das lag vor allem am Seehandel, der von hier aus in die ganze Welt reichte, und an den reichen Kupfervorkommen, die hier abgebaut und von hier auch verschifft wurden. Von der Zerstörung durch die Perser konnte sich Sohar nie ganz erholen, aber man erahnt noch die ursprüngliche Pracht der Stadt. Ein lohnenswerter Ausflug führt auf jeden Fall in das Fort von Sohar, das mit seinen vier Stockwerken und dem leuchtenden Weiß einen imposanten Eindruck macht. Das heutige Erscheinungsbild stammt aus dem 17. Jahrhundert, doch darunter gibt es noch Zeugnisse eines Gebäudes, das unter der Herrschaft des Prinzen Baha Al Din Ayadh (Regierungszeit 1294–1312) entstand.

### WEITERE INFORMATIONEN

www.omantourism.de

# Im Westen – die magischen Berge

*Schatzkästchen beeindruckender Landschaften*

Die hohen Berge (oben) und Burgen (unten) prägen die Gegend um Nizwa. Die große Festung von Nizwa wurde Mitte des 17. Jahrhunderts erbaut und zählt zu den meist besuchten Nationaldenkmälern des Oman (links).

Golf von Oman
As Suwaiq
Al-Musanaah
Barka
Sib
Masqat, Oman
Al Ghubra
Al Khuwair
Al Amerat
Wadi Almaawil
Fanja
Jebel Shams
17
Rustaq
Nakhl
Luzugh
Sumail
Wadi Serin
Wadi Ghul
Al Hamra
21
22
Al-Hoota-Höhle
Sayq
15
Bahla
Fort Jabrin
14
Nizwa
12
Birkat al Mauz
23
Izki
Farq
Manah
N
0
20 km

Entdeckungstouren durch gebirgiges Terrain – auf uralten Pfaden zu abgelegenen Dörfern werden Geschichten der Region zum Leben erweckt.

# Wehrtürme, steile Pässe und Palmenhaine

**Al Dakhiliya, der Inneroman, ist die landschaftlich schönste Region des Sultanats: Sie bietet steil aufragende Gebirge und tiefe Schluchten, kleine Bergdörfer, an Felsen geklebte Burgen und Forts, tiefgrüne Gemüsefelder auf steilen Terrassen, die alte Silberstadt Nizwa und ein Luxushotel in über 2000 Meter Höhe.**

Nizwa, die geheimnisvolle Silberstadt und einstige Kapitale des Sultanats, erreichen Sie in knapp zwei Stunden von der heutigen Hauptstadt Masqat aus. Noch bis Mitte der 1970er-Jahre war die Verbindung über den hohen Sumail-Pass nicht viel mehr als eine mit Schlaglöchern übersäte, holprige Piste, staubig und steinig – bei den seltenen, dann umso heftiger niedergehenden Regenfällen eine einzige Schlammpartie. Kein Wunder, dass Reisende in jenen Tagen für die 140 Kilometer lange Strecke mitunter zwei Tage benötigten, es sei denn, sie verfügten über einen geländegängigen Wagen mit Vierradantrieb, damals nicht sehr häufig.

## Mystische Orte und ein gewaltiges Bergmassiv

Heute gelangen Sie von der Batinah-Ebene über die vierspurige und bestens ausgebaute Nationalstraße 15 in kurzer Zeit in die Oasenstadt. Genießen Sie die Anreise und planen Sie mehrere Pausen ein, etwa wenn die Ausläufer des majestätischen Hajargebirges erreicht sind. Wehrtürme, auf den ersten Blick kaum von den umgebenden Felsen zu unterscheiden, erheben sich rechts und links der Straße. Rund 60 Kilometer hinter Masqat beginnt der Sumail-Pass. Der Straßenverlauf richtet sich nach einem Wadi, das flankiert wird von steil aufragenden Felswänden.

Nizwa selbst ist idealer Ausgangspunkt für eine Reihe von spannenden Ausflügen: Über die sogenannte alte Landstraße erreicht man nach nur 21 Kilometern zunächst Birkat al Mauz, eine Oasenstadt, umgeben von Palmenhainen und üppigen Gärten. Die gut ausgebaute Nationalstraße 21 wiederum führt geradewegs in das 45 Kilometer entfernte Jabrin. Welch ein Kontrast zu den sattgrün leuchtenden Palmhainen der Oasendörfer.

## Bergdörfer wie aus dem Märchenbuch

Anschließend geht es weiter in das wenige Kilometer nordöstlich gelegene Bahla. Palmen weisen darauf hin, dass Sie sich dem Eingang des Wadi Qurayyat nähern. Es wird überragt von einer märchenhaft aussehenden Palastfestung, dem Fort Jabrin. Nördlich davon thront der Jebel Akhdar, ein gewaltiger Bergrücken des Hajargbirges. Mit 3017 Metern ist der Jebel Shams die höchste Erhebung des Gebirges wie des ganzen Oman, zu erreichen über eine kurvenreiche Strecke entlang des gut 1000 Meter tiefen Wadi Ghul, sozusagen dem Grand Canyon des Oman, vorbei an kleinen Bergdörfern. Kleine und kleinste Terrassen steigen hier wie Stufen an. Höher und immer höher hinauf schraubt sich die Straße. Unterwegs locken faszinierende Ausblicke in tiefe, staubtrockene Felsenschluchten des Wadi Ghul. Faszinierend: Hier ist das alte, traditionsreiche Aflaj-Bewässerungssystem nach wie von intakt. In Kanälen und betongefassten Rinnen wird das klare Gebirgswasser zu den Feldern und durch die Dörfer geführt.

Eindrucksvoll ist das Plateau von Saiq auf 2000 Metern Höhe, auf dem nahezu mediterranes Klima herrscht. Inmitten der Bergwelt thront auch Misfah, bekannt für seine ausschließlich aus Naturstein erbauten und jahrhundertealten Häuser am Berghang. Al Hamra, ganz in der Nähe der Tropfsteinhöhlen von Al Hoota wiederum begeistert als ausgedehnte Oasensiedlung inmitten einer Talsenke, sehenswert sind die Lehmhäuser im alten Ortsteil.

## WANDERN IM JEBEL AKHDAR

Ein geländegängiges Auto, festes Schuhwerk, Sonnenschutz, Kopfbedeckung und ausreichend Wasser sind nötig, wenn man auf eigene Faust zu Wanderungen im Jebel Akhdar unterwegs ist. Zunächst geht es auf einer gut ausgebauten Straße zum Saiq-Plateau. Hier, auf über 2000 Metern, ist die Luft angenehm kühl, in der Umgebung gelangen Sie zu weiteren alten Bergdörfern, tiefe Schluchten tun sich auf, Menschen arbeiten auf Terrassenplantagen. Es ist eine einsame, recht unzugängliche Gegend. Nach dem Sonnenuntergang bricht schnell die Dunkelheit herein, es wird empfindlich kalt. Am besten sind Sie mit einem einheimischen Guide unterwegs, in den Hotels der Region können Sie sich nach einer Begleitung erkundigen.

Tradition und Natur prägen die Welt der Berge (oben). Auch Omaner besuchen die historischen Burgen. Nizwa (rechts unten) ist eine belebte Stadt.

## 12 Nizwa

### Heiligtum und Festung

**In den Oman zu reisen und dort das Landesinnere in der Gegend von Nizwa nicht zu besuchen, ist ein bisschen so, als würde man nach Rom fahren und weder Forum Romanum noch den Petersdom besichtigen. Denn während die Hauptstadt Masqat die jüngere Geschichte des Landes darstellt, steht Nizwa für die Tradition und vielleicht auch die Seele des Landes.**

Wenige Regionen im Oman haben eine so hohe Konzentration an Sehenswürdigkeiten wie die Gegend um die Stadt Nizwa mit ihren rund 80 000 Einwohnern. Weit ist es von der Hauptstadt hierher zwar nicht, doch gerade weil es hier so viele Dinge zu sehen gibt, lohnt es sich, für Nizwa und die Berge ein paar Tage einzuplanen. Von seiner Grundstimmung her ist Nizwa der vergleichsweise konservativere Teil des Landes, und man wundert sich eigentlich nicht, dass der britische Reiseschriftsteller Wilfred Thesiger Mitte des 19. Jahrhunderts vor allem Bedenken erntete, als er sein Vorhaben verkündete, nach Nizwa zu reisen. Vor allem ebendiese damals sehr kennzeichnende konservative Lebensweise der Menschen in Nizwa sah man als nicht wirklich kompatibel mit den Interessen eines britischen Reisebeobachters an. Aber die Bedenken waren vermutlich damals schon übertrieben und sind es heute natürlich erst recht. Was grundsätzlich stimmt, ist allerdings, dass in dieser Gegend Lokalpatriotismus besonders wichtig ist. Und das liegt nicht zuletzt an den historischen und religiösen Ereignissen, die sich hier schon sehr früh abgespielt haben.

#### Gelebte Religionsgeschichte

So soll der Gesandte des Propheten Mohammed im Jahr 630 die Botschaft der neuen Lehre zuerst hierhergebracht haben. Und, was noch wichtiger ist, sie fiel hier auch gleich auf beson-

مجوهرات السليماني
AL-SULEIMANI JEWELLERY
MUSCAT BAKERY

Der Handel mit Stoffen und Gewürzen prägt die traditionellen Märkte (oben und unten). Die Burgen wurden liebevoll restauriert (unten). Omaner erzählen sich viel, wenn sie sich treffen (rechts oben). Der Suq ist immer auch ein Zentrum der Kommunikation.

ders fruchtbaren Boden. Als dann rund 50 Jahre später die Ibadiya als neue islamische Doktrin des Abdullah ibn Ibadh entstand, geschah das auch in Zusammenarbeit mit dem damals hoch angesehenen Gelehrten Abu Shaatha, und der stammte aus der Nähe von Nizwa. Dies mag dann später, als die Ibaditen gejagt und vertrieben wurden, auch der Grund dafür gewesen sein, dass sich die meisten Anhänger dieser neuen Doktrin hier, im Al-Hajar-Gebirge, versteckten. Aber die Pragmatisierung dieser heute offiziellen omanischen Religion ließ nicht

lange auf sich warten. Schon im Jahr 751, also nicht ganz 120 Jahre nach dem Tod Mohammeds (ca. 570–632), wurde in Nizwa der erste ibadische Imam gewählt, und der erklärte Nizwa auch gleich zur Hauptstadt des Landes. Über 1000 Jahre lang blieb das auch so, genauer gesagt bis 1779.

## Kampf der Dynastien

In diesem Jahr verlegte Achmed ibn Said, der zuvor wegen seiner Erfolge im Kampf gegen die eroberungshungrigen Perser zum Imam gewählt worden war, seinen Amtssitz nach Masqat und begründete dort die bis heute regierende Al-Bu-Said-Dynastie. Mit diesem Schritt und vor allem mit den Söhnen Saids entstand in den Jahren danach allerdings auch ein neues Spannungsfeld im Oman: auf der einen Seite das religiöse Bollwerk in Nizwa, das auch nach 1779 an dem traditionellen Prinzip der Imam-Wahlen festhalten wollte, auf der anderen Seite die Erben Saids, die sich eigenmächtig den Titel Sultan gaben, die Wahlen abschafften und stattdessen die Erbfolge etablierten. Die logische Folge waren immer wieder aufflammende Machtkämpfe zwischen der Sultansfamilie und dem in Nizwa jeweils trotzdem gewählten Imam – zuletzt sogar noch Ende der 1950er-Jahre unter der Regentschaft des Vaters des vor Kurzem verstorbenen Sultans. Doch dieser sogenannte Djebel-Achdar-Aufstand wurde 1959 von ebenjenen Verbündeten des Sultans niedergeschlagen, die den Rebellen seit Generationen ein Dorn im Auge waren: den Briten. Kein Zufall im Licht der Geschichte: Großbritannien und das Sultanat standen schon seit den frühen Zeiten des großen Seehandels und bis hinein ins Ölzeitalter in einer engen gegenseitigen Interessensgemeinschaft. Demgegenüber hatten die Imame und ihr Gefolge zu keiner Zeit eine echte Chance. Trotzdem und umso mehr: Dass Nizwa auch heute noch das geistige Zentrum der Ibadiya und damit zumindest die religiöse Hauptstadt des Oman ist, wird vom Sultan immer wieder unterstrichen, und die auffällige Großzügigkeit,

mit der die alten Burgen und Festungen in dieser Gegend restauriert werden, untermauert auch diese Haltung ohne Zweifel.

## Faszinierendes Burgenland

Drei dieser Bauwerke gehören eindeutig zu den Highlights dieser Gegend und werden auch von Kulturtouristen im Oman zu Recht immer wieder angesteuert: die Festung von Nizwa, die Mitte des 17. Jahrhunderts in zwölfjähriger Bauzeit errichtet wurde, der prachtvolle Palast des Imam Bilarab in Djabrin, der aus derselben Zeit stammt, und die riesige Lehmburg in Bahla, die 1987 von der UNESCO in die Liste des Weltkulturerbes und im Jahr darauf in jene des gefährdeten Kulturerbes eingetragen wurde.

»Salaam aleikum, welcome«, sagt der freundliche Führer in der Festung von Nizwa lächelnd und bietet seine Dienste an. Man hat die freie Wahl: entweder auf eigene Faust das Fort erkunden oder sich Geschichten erzählen lassen. Wir setzen auf Letzteres, und so erzählt uns der Mann, dass der imposante Wehrturm einen Durchmesser von 40 Metern hat, 23 Meter hoch und bis auf 14 Meter mit Geröll gefüllt ist. Die ganze Anlage ist liebevoll gepflegt und sauber. Irgendwie bekommt man hier sogar den Eindruck, dass es von offizieller Seite auch als besonders wichtig empfunden wird, Orte wie diesen instand zu halten und zu zelebrieren. Es ist nicht nur ein Ausstellungsstück, sondern vielleicht auch das, was den Oman von anderen Tourismusdestinationen wie etwa Dubai unterscheidet. Hier atmet man ganz bewusst Geschichte, und dem Sultanat ist es ein Anliegen, dass diese Geschichte auch immer sichtbar ist. Und genau das steht auch auf einer Widmungsplakette des Regenten am Ausgang der Ausstellung, die zum Fort gehört – inklusive des Hinweises darauf, wie wichtig Geschichte und Vergangenheit für die Gestaltung der Gegenwart sind.

## Geschichte live erleben

Auffällig viele Menschen arbeiten im Fort. Aufpasser natürlich, Hausmeister und Verwalter, aber auch schlicht Personen, die in der eleganten und offiziellen Kleidung des Oman das Land würdig repräsentieren. Bezeichnend ist auch, dass das Fort bei Weitem nicht nur westliche Touristen besuchen. Ganze Schulklassen junger Omaner und Studenten kann man hier treffen, und sie nehmen ihre Geschichte ernst. Ein bisschen Spielerei fehlt dann doch nicht für die Touristen. Und so gibt es im engen Treppenhaus des Turms einen kleinen Audiogag für die Gäste: Unvermittelt hört man auf dem Weg nach oben oder unten plötzlich Kanonenschüsse. Die Lichtschranke, die sie auslöst, erinnert damit an zwei Dinge: Zum einen will man sich hier auch dem Unterhaltung suchenden Touristen annähern, zum anderen kommt ein bisschen der Jerichogedanke auf: Wacht auf – es geht hier um etwas Wichtiges. Hier natürlich, aber überhaupt in diesem Teil des Landes.

## ESSEN IM OMANISCHEN STIL

Ob man sich nun bei den Tischmanieren an die omanische Tradition anpassen will, oder ob man doch lieber am Besteck festhält: Einmal sollte man sich auch in eines der Lokale begeben, in denen die Omaner selbst essen. Und das sind häufig nicht die Restaurants in den internationalen Hotels. Die Restaurants, die man in Nizwa und eigentlich überall außerhalb der Hauptstadt bzw. der Touristenzentren findet, sind meistens kleine Buden, die häufig von Indern oder Pakistani geführt werden. Zu essen gibt es dort alle Varianten von Reis und Gemüse oder Fleisch. Meistens sind die Zutaten reichlich gewürzt, und man hat die Wahl, ob man mit Besteck oder mit den Händen essen will. Letzteres bedeutet, dass man es so hält wie die Vorfahren. Wichtig dabei: immer nur mit der rechten Hand essen und den Reis zu einer kleinen Kugel pressen, die in das Gemüse getunkt wird. Man kann aber natürlich auch nach westlicher Manier speisen, zum Beispiel im Falaj Daris Hotel in Nizwa, in dem man auch gut übernachten kann. Ein typisches, aber modernes Haus, in dem die Zimmer rund um den Pool angeordnet sind.

## WEITERE INFORMATIONEN

www.falajdarishotel.com

# 13 Moscheen – Zeugnisse des Glaubens

## Die Ibadiya

**Das Gebet ist für Muslime nicht optional und nicht wie das Gebet vieler Christen, das sich auf ein sonntägliches Murmeln beschränkt. Es ist eine Meditation, die den Tagesablauf präzise mitbestimmt. Fünfmal am Tag ruft der Muezzin: zuerst zwischen Morgendämmerung und Sonnenaufgang, dann zu Mittag, am mittleren Nachmittag, nach Sonnenuntergang und nochmals am späteren Abend.**

Jedes Mal wenn der Muezzin ruft, muss der Gläubige mit geordneter Kleidung einen sauberen Ort aufsuchen und sich nach Mekka ausrichten, am besten in einer Moschee. Vor dem Gebet muss er sich waschen: erst die Hände, dann Zähne, Mund und Nase, Gesicht, Ohren, Unterarme, Kopf und Füße. Ein festgelegter Ritus, der einst wohl auch einen sanitären Hintergrund hatte. Wohin auch immer man heute in einem islamischen Land reist, ob man auf reichere oder ärmere Menschen trifft, in einem omanischen Beduinenzelt oder im Foyer eines Luxushotels in Dubai, es geht immer sehr sauber und gepflegt zu. Ganz im Sinne Mohammeds: Religion und Alltag liegen im Islam sehr nahe beieinander. Wozu der Muezzin aufruft, ist nicht ein Gebet im Verständnis der westlichen Welt. In christlich geprägten Ohren klingt ein solches Diktat immer ein bisschen radikal. Doch das entspricht nicht der Realität im Oman. Denn radikal sind in diesem Land überhaupt nur wenige, was mit der eigenen omanischen Religionsgeschichte zusammenhängt.

### Die moderatere Variante

Die Ibaditen, die als Religionsgemeinschaft im Sultanat mit 70 Prozent den größten Teil ausmachen, können als die ersten Fundamentaldemokraten des Islam bezeichnet werden. Um es auf eine einfache Formel zu bringen, begann

Die Ibadiya, Omans Religion, gehört zu den moderaten Strömungen (unten). Die Moschee der Oasenstadt Bahla (rechts oben).

der Streit um die Auslegung der islamischen Schriften mit dem Tod des Propheten Mohammed im Jahr 632 n. Chr. Die Frage war, woran man mehr zu glauben hatte: an die Macht des Propheten, der nach islamischer Auffassung ab dem Jahr 610 von Allah den Koran offenbart bekam, oder an den Inhalt der Schriften, die sich eben aus den 114 Reimversen des Korans und den anderen Überlieferungen zusammensetzen. Das Wort oder der Botschafter? Der Geist der Schrift oder jener des Propheten? Die Sunniten glauben an die Gesamtheit der Schriften (Sunna), die Schiiten hingegen, die sich in einer eigenen Partei (Schia) gruppierten, glauben an das mystische Prinzip der erblichen Nachfolge Mohammeds. Während die Sunniten nach dem Tod Mohammeds an einer Gewaltenteilung zwischen politischem Herrscher und religiöser Doktrin festhielten, wollten die Schiiten nur die Nachkommen aus der Ehe zwischen Mohammeds Tochter Fatima und ihrem Onkel als Oberhaupt akzeptieren. 50 Jahre dauerte der Streit schon an, als der islamische Gelehrte Abdullah ibn Ibadh im heutigen Irak eine neue islamische Doktrin entwickelte. Seine Anhänger benannten sie nach ihm: die Ibadiya, und sie war eine Art Kompromiss.

### Friedfertig in die Religionszukunft

Demnach sollte das Oberhaupt einer islamischen Gemeinde, der Imam, zwar sowohl religiöses als auch weltliches Oberhaupt mit voller Regierungsgewalt sein, dafür aber als »Erster unter Gleichen« von der Gemeinschaft der Muslime (Umma) gewählt werden. Und wenn sich unter den gebildeten und gelehrten Gläubigen keiner finden sollte, der den Ansprüchen an das Amt gerecht wird, dann sollte nach Ansicht Abdullah ibn Ibadhs dieses oberste Amt einfach unbesetzt bleiben. Viele Islamisten dieser Zeit empfanden solcherart Theorien als zu fortschrittlich und sogar ketzerisch. Und so wurden die Ibaditen gejagt und vertrieben. Viele flohen nach Libyen, Algerien und Tunesien, aber die meisten zogen in den Oman. Im Lauf der Jahrhunderte konturierten die Ibaditen immer deutlicher den Glauben, dass die zentralen Grundsätze des Islam jeweils im aktuellen und historischen Zusammenhang überdacht werden müssen. So gelten die Ibaditen heute zwar einerseits als Puristen in der orthodoxen islamischen Welt, andererseits aber als progressive Gläubige, die die Auslegung des Korans immer wieder an den Wandel der Zeit angepasst haben.

## DEN KALENDER UND DIE FEIERTAGE IM KOPF BEHALTEN

Feiertage und vor allem Wochenenden liegen in arabischen Ländern anders als bei uns. So beginnt das islamische Wochenende Donnerstagmittag, und Samstagfrüh ist wieder normaler Geschäftsbetrieb. In allen islamischen Ländern wird außerdem der Fastenmonat Ramadan ernst genommen. Das genaue Datum dafür wird jedes Jahr neu festgelegt und richtet sich nach dem islamischen Mondkalender. Ungefähr verschiebt sich der Ramadan jedes Jahr um einen Monat Richtung Jahresbeginn. 2019 war der Ramadan von Anfang Mai bis Anfang Juni. In dieser Zeit sollte man es vermeiden, tagsüber auch nur Kleinigkeiten vor den Augen der fastenden Menschen zu essen. In den Hotels und Restaurants hingegen ist es kein Problem. Am Ende des Fastenmonats wird mit Musik und Tanz gefeiert. Der größte Feiertag des Oman ist übrigens der 18. November, der Geburtstag des Sultans. Eine Woche lang wird im ganzen Land ausgiebig gefeiert, wobei auch Touristen willkommen sind. Unter anderem finden Kamelrennen, Volkstänze, Konzerte und Theater statt.

## WEITERE INFORMATIONEN

www.omantourism.gov.om

In der Bibliothek von Jabrin trafen sich Dichter und Intellektuelle (oben). Das Fort Jabrin liegt im Zentrum eines Palmengartens (rechts unten).

# 14 Fort Jabrin

## Der Traum des Gedankens

**»Die Menschen sind alle gleich, nur die Mentalität ist unterschiedlich«, sagt der Aufpasser im Jabrin-Palast, während er ein von Touristen unachtsam auf den Boden geworfenes Informationsblatt aufhebt. Darauf steht, dass der Erbauer des Palasts ein Kunstliebhaber war und hier zu seiner Zeit Philosophen, Wissenschaftler und Poeten um sich scharte.**

Imam Bilarab bin Sultan muss ein beeindruckender Mensch gewesen sein. Er begnügte sich offenbar nicht damit zu wissen, was ihn unmittelbar umgab. Als Sohn und Nachfolger des Imams Sultan al-Ya'ruba war zwar Politik zwangsläufig seine Berufung, doch seine Leidenschaft war eine andere. Die galt nämlich vor allem dem intellektuellen Leben. Und so konzipierte er im Jahr 1670 das Fort Jabrin, nachdem er aus dem Fort Nizwa, wo er aufgewachsen war, ausgezogen war. Jabrin gestaltete er als Wohnschloss mit vielen Gästezimmern, einer gut bestückten Bibliothek und gemütlichen, gekühlten Räumen, in denen er die Köpfe der arabischen und westlichen Welt zusammenbringen wollte – um zusammen mit Literaten, Philosophen, Künstlern und Gelehrten über Gott zu diskutieren.

### Das Sammeln von guten Ideen

Kunstvoll und wohnlich präsentieren sich die Innenräume. Es gibt filigrane Deckenmalereien, unter denen man sich wunderbar vorstellen kann, wie die diskursfreudigen Gäste Bilarabs auf den weichen Teppichen und zwischen bequemen Kissen saßen und sinnierend nach oben blickten. Es gibt elegante Stuckarbeiten, handwerklich hochwertige Schnitzereien und immer wieder kleine Bücherkreuze, auf denen wohl die aufgeschlagenen Werke lagen. Eine schöne Vorstellung: Die Intellektuellen des 18. Jahrhunderts lesen, forschen und diskutie-

ren miteinander und bringen so die Welt auf eine friedliche Weise ein Stück weiter. Es ist erstaunlich, beachtlich und vor allem spürbar, wie sehr die Räume des Forts diese friedliche Atmosphäre noch verströmen. Und es ist gleichermaßen bemerkenswert, wie man merkt, dass das Grundkonzept der Anlage eben keine martialische war.

Dass man gleich beim Hauptportal der liebevoll und behutsam restaurierten Anlage dennoch in die Mündungsrohre zweier imposanter Kanonen schaut, hat etwas damit zu tun, dass Bilarab bin Sultan dem Frieden, mit dem er sich umgab, nicht ganz trauen konnte. Zu Recht, wie sich herausstellen sollte. Denn das weltliche Gegenüber des Imams dieser Zeit, der regierende Scheich des Oman, fand wenig Gefallen an den schöngeistigen Attitüden Bilarabs und stachelte dessen Bruder Saif dazu an, einen Machtwechsel zu forcieren. Dieser ließ sich zum neuen Imam ernennen und forderte seinen Bruder auf, zurückzutreten. So leicht wollte Bilarab aber nicht aufgeben. Also baute er eiligst neue Mauern um das Fort, errichtete zwei massive Kanonentürme und versuchte, sich gegen die Machtübernahme zu wehren.

## Das Ende eines Bruderstreits

Monatelang belagerte Saif bin Sultan mit seinen Soldaten das Fort Jabrin, und die erste Zeit muss das Fort wohl dem Ansturm standgehalten haben. Doch die Anlage war eben nicht für eine solche Belagerung ausgestattet, und so wurde Bilarab schließlich regelrecht ausgehungert, und sein Bruder Saif übernahm die Führung als Imam. Ein paar Jahre später, im Jahr 1692, starb Bilarab schließlich in seinem Gefängnis und wurde im Fort Jabrin begraben. Sein Grab gehört heute zu den Attraktionen im Fort, wenngleich auch nicht sicher ist, dass Bilarab tatsächlich dort liegt. Dem Nachtasten dieser interessanten Geschichte tut das allerdings keinen Abbruch. Sowohl die Wirtschaftsräume als auch die Studierzimmer und nicht zuletzt das große Dattellager lassen die Atmosphäre der Zeit des Imams Bilarab für alle Sinne spürbar aufleben. Zu dieser erstaunlichen Erfahrung haben die Restaurierungsarbeiten, die 1980 begannen, einiges beigetragen. Es lohnt sich also, sich einfach von der Neugierde, den Düften und der Fantasie treiben zu lassen – und den Ort zu respektieren und die Informationsblätter gut zu studieren.

## VERTRAUEN IN DEN MUSEUMS-GUIDE

Bei praktisch allen musealen Sehenswürdigkeiten, die es im Oman gibt, stehen zu den normalen Öffnungszeiten informierte Guides bereit, die einem ihre Dienste anbieten – und zwar häufig zusätzlich zu Audioguides, die inzwischen verbreitet sind. Natürlich kann man sich in jeder Festung auch auf eigene Faust auf den Weg machen und auf Entdeckungssuche gehen, aber die omanischen Guides sind immer eine gute Option. Meistens sind sie im Auftrag des zuständigen Ministeriums vor Ort und haben einiges zu erzählen, nicht nur über die jeweilige Festung, sondern auch über das Land und die spezifischen Sichtweisen auf dessen Geschichte und Denkmäler. Insofern ist eine Tour mit Guide eigentlich immer zu empfehlen, denn man bekommt einen besseren und persönlichen Eindruck vom Oman. Informationen und Preise zu den Guides gibt es meist direkt beim Eingang, und am Ende bekommt man sehr häufig einen guten Tipp, was man sich sonst noch anschauen könnte oder wo es was Gutes zu essen gibt.

## WEITERE INFORMATIONEN

www.omannet.om

# 15 Königsstadt Bahla

## Weltkulturerbe in der Oase

**Das kleine Oasendorf Bahla ist mehreres zugleich: quirliger Viehmarkt, lebendiger Handelsort und natürlich der Standort der imposanten Lehmburg, die von der UNESCO auf die Liste des Weltkulturerbes gesetzt wurde. Auf jeden Fall darf man den Ort nicht verpassen, wenn man im westlichen Landesinneren des Oman unterwegs ist. Außer man ist abergläubisch.**

Zahlreiche Gerüchte ranken sich um die Menschen und die Magie in Bahla, doch im Oman spricht man nicht offen darüber. Das liegt vor allem daran, dass man Magie und Zauberei als Werk des Teufels sieht und als unvereinbar mit dem islamischen Glauben. Dennoch: Hinter vorgehaltener Hand wispert man von magischen Orten und Verwünschungen, die in dieser Gegend von Erfolg gekrönt sein sollen. Wenn etwa eine Frau im Oman befürchtet, dass ihr Mann zu einer Zweitfrau tendiert, soll sie in Bahla an der richtigen Stelle eine Verwünschung anbringen können, um den Mann davon abzubringen. Es geht gar die Rede von verzauberten und geisterhaft verschobenen alten heiligen Gemäuern und überhaupt von Geistern, die – je nachdem – Gutes und Böses bewirken können. Für den Besucher von Bahla bedeutet das aber nur, dass die Atmosphäre noch einmal mehr prickelnd ist, wenn man sich auf dem Viehmarkt unter die Leute mischt oder zwischen den Ruinen der historischen Stadt wandelt.

### Mitten im Leben des Handels

Auf dem Viehmarkt bekommt man zuallererst pulsierendes Leben zu sehen. Ziegen und andere Tiere werden von den Männern vorge-

Der Viehmarkt und die Töpferkunst zeichnen das Stadtbild von Bahla (unten). Die Lehmburg von Bahla gehört zum UNESCO-Weltkulturerbe (rechts oben).

führt und feilgeboten. Währenddessen halten sich die Frauen im Hintergrund und beobachten durch ihren Schleier hindurch konzentriert das Treiben. Ganz gleich wie gehandelt und gefeilscht wird, die Kaufentscheidung treffen die Frauen, die übrigens auch das Geld bei sich haben. Eine alte Tradition, die ein neues Bild auf dieses Land wirft.

Doch der Viehmarkt ist nicht der einzige Handelsort in Bahla. In der neueren Stadt zu Füßen der riesigen Lehmburg findet man vom Friseur bis hin zu Kleiderläden und Gewürzständen alles, was das Herz begehrt. Bahlas größte Sehenswürdigkeit hingegen thront außerhalb der Stadt auf einer Anhöhe unweit der Nationalstraße. Nur von Weitem kann man die ganze Größe von Hisn Tamah erkennen: eine gigantische Lehmfestung, die inmitten einer zwölf Kilometer langen und fünf Meter hohen Stadtmauer aus Lehmziegeln liegt. 15 mächtige Holztore führen in das Innere der Anlage, die 132 Wehrtürme besitzt. Ältestes Bauwerk der Festung ist die fünfstöckige Zitadelle mit einer eigenen Moschee und drei Türmen. Hisn Tamah steht für die Bedeutung, die Bahla hatte, als die Oase im 12. Jahrhundert Hauptsitz des mächtigen Stammes der Bani Nebhan war und im 15. Jahrhundert Hauptstadt des Oman wurde. Erst im 18. Jahrhundert, einer Epoche, in der neue Dynastien ihre Verteidigungsanlagen und Paläste an andere Orte verlegten, begann der schrittweise Niedergang. Lehmbauten erfordern jährliche Ausbesserungen, da ihnen die Winterregen stark zusetzen. Mit der Aufnahme von Bahla in die UNESCO-Liste des Weltkulturerbes im Jahre 1987 begann deshalb eine jahrzehntelange Restaurierung der gigantischen Anlage. Durch ein Team internationaler Spezialisten, die traditionelle Bautechniken anwendeten, konnten das nahezu vollständig erodierte Hisn Tamah gerettet werden und steht heute wieder offen für Besucher aus aller Welt. Für viele andere, im Oman noch zu restaurierende Lehmburgen, ist die Anlage ein leuchtendes Beispiel.

### Die Kunst aus dem Lehm geformt

Nach der Besichtigung der mächtigen Festung lockt auch ein Spaziergang über den nahen Töpfermarkt. Immer schon gehört das Töpferhandwerk zu den besonderen Spezialitäten Bahlas. Wer also in seinem Gepäck noch etwas Platz hat, sollte sich überlegen, einer der zahlreichen Töpfereien einen Besuch abzustatten. Die Handwerkskunst hat sich hier über die Jahrhunderte erhalten. Übrigens nicht nur für die Vasen und Amphoren, die man hier erwerben kann.



## TÖPFERWERKSTÄTTEN

Amphoren für kühles Wasser herzustellen, war im Oman schon seit vielen Jahrhunderten eine erstrebenswerte Kunst. Normalerweise werden die Gefäße so gebaut, dass sie nicht auf dem Boden oder auf dem Tisch stehen, sondern an Seilen im Schatten aufgehängt werden können. Und sie haben tatsächlich die Fähigkeit, Flüssigkeiten lange kühl zu halten. Dass Bahla zu einem Zentrum für die Töpferkunst geworden ist, hat aber nicht nur mit der Sehnsucht nach kühlem Wasser zu tun, sondern mit dem Umstand, dass es in dieser Gegend reiche Tonvorkommen gibt. Im Ergebnis findet man in Bahla zahlreiche Werkstätten, in denen mit dem Hintergrund alter Tradition, aber auch mit modernen Geräten und Mitteln zahlreiche verschiedene Tongegenstände geformt und verkauft werden. So werden die Brennöfen heute nicht mehr mit Holz, sondern mit Gas beheizt, aber das Ergebnis ist dasselbe. Die meisten Werkstätten sind am nördlichen Stadtrand von Bahla in der Nähe der Palmgärten.

## WEITERE INFORMATIONEN

**Omani Heritage Gallery**, Oman, ohgmq@omantel.co.om, http://omaniheritage.org/potteryi.html

Das Bewässerungssystem führt das Land überall zur Blüte; Granatäpfel gedeihen hier prächtig (oben). Die Terrassenfelder in den Bergen sind von Kanalsystemen durchzogen (rechts unten).

# 16 Das Aflaj-Bewässerungssystem

## Die Wasseradern der Berge

**Wer nach dem Stoff gefragt wird, der im Oman für Wohlstand sorgt, wird vermutlich spontan an Öl denken und an das, was dieser Bodenschatz bisher für das Auf- und Weiterblühen des Landes bewirkt hat. Doch lange bevor Öl im Oman zu einer Wirtschaftsgröße wurde, war es eine andere Substanz, die das Leben im Oman ermöglichte, und sie wird auch seit jeher mit besonderer Sorgfalt gehütet.**

Wasser ist das Element, das hier wie überall für Leben sorgt. Und es ist gut nachvollziehbar, dass ein Land, das solchen klimatischen und natürlichen Gegensätzen unterworfen ist, mit dieser Ressource besonders respektvoll umgeht. Der Oman besteht aus kargen Felsen, Wüsten und blühenden Oasen, und hätte man hier nur der Natur ihren Lauf gelassen, wäre die Fruchtbarkeit des Landes immer nur auf jene Orte reduziert gewesen, in denen das Wasser naturgegeben vorhanden ist. Doch schon früh entwickelte man ein einzigartiges System, nämlich jenes der Wasseradern und -kanäle, das das Land und manche Paläste frucht- bzw. bewohnbar macht. *Aflaj* oder *Falaj* heißen diese Wasseradern.

### Frisches fließendes Klima in Kanälen

Es ist heiß im Sommer in Nizwa, und wer kann, sucht die Nähe zu den Wasserkanälen, die sich durch die Stadt ziehen. Es sind mehrere, alte und neue, die hier zusammenlaufen, weshalb Nizwa, das in einer Senke zwischen den Bergen liegt, schon immer gut mit Wasser versorgt ist. Daris heißt der Kanal, der hier das meiste Wasser führt und vom größten Süßwasserspeicher des Landes gespeist wird. Die Kanäle sind teils offen, teils überdeckt, doch auch bei Letzteren hört und spürt man das Wasser, das darunter plätschert. Unvermittelt tauchen kleine Körper zwischen den Gittern auf, die die Wasseradern schützen. Es sind Kinder, die sich einen Spaß daraus machen, in den Kanälen zu schwimmen.

Es wirkt gefährlich, aber niemand ist beunruhigt. Die Kinder kühlen sich ab, spielen, tauchen unter und an einer anderen Stelle wieder auf. Wasser macht ohne Zweifel gute Laune, nicht nur hier im Tal.
Drei Arten von *Aflaj*-Systemen gibt es im Oman: *Ain*, *Ghayal* und *Da'ndi*. Der Unterschied liegt im Ursprung der Quelle. Während bei einem *Ain* das Wasser direkt an der Quelle angezapft wird und über oberirdische Kanäle zu jenen Flächen geführt wird, die bewässert werden müssen, schöpft das *Ghayal* das Wasser aus dem Grundwasser in geringer Tiefe und bringt es dann ebenfalls oberirdisch zum Zielort. Nur beim *Da'ndi* werden unterirdische Kanäle genutzt, um das Wasser von der Quelle, die manchmal tief im Inneren der Felsen liegt, über weite Strecken zu transportieren.

## Die Macht der Wasserverteiler

Diese Stollen und Kanäle gibt es schon seit Jahrhunderten, und sie werden vom würdigsten und meist ältesten Mitglied der Dorfgesellschaft überwacht. Dieser Wasserwächter, *Waqil*, war schon immer eine der wichtigsten Figuren im Gesellschaftsleben. Er entscheidet darüber, welche Gegend wann wie viel Wasser bekommt; außerdem sind er und sein Mitarbeiterstab auch für die Instandhaltung der Kanäle verantwortlich. Die Wassermengen werden oft ohne technische Hilfsmittel gemessen, trotzdem geht es gerecht zu. Als Maßstab für Zeit und Menge galten früher der Sonnenstand oder die Sterne sowie schlicht der gesunde Menschenverstand. Wie wichtig eine gerechte und sinnvolle Verteilung ist und wie notwendig ein kluger Kopf beim Verwalten, zeigt sich nicht zuletzt auf den Terrassenfeldern auf dem grünen Berg, dem Djebel Akhdar. Man sollte schwindelfrei sein, wenn man entlang dieser Wasseradern spazieren gehen will. Manchmal sind es nur dünne Rinnsale, manchmal sprudelnde Ströme. In jedem Fall transportieren diese Kanäle gerade so viel Wasser, wie nötig ist, um die Felder zu versorgen. Und das System funktioniert. Granatäpfel, Marillen und andere Früchte wirken gesund und kräftig. Demütig verbeugt sich hier jeder vor diesem Lebenselixier, das vermutlich schon 2500 v. Chr. auf diese Weise verteilt wurde.

## ESSEN WIE IN 1001 NACHT

Gleich drei Bin-Ateeq-Restaurants gibt es im Oman. Eines in Masqat, eines in Salala und eines in Nizwa. Ihre Spezialität ist die Kombination von orientalischem Flair und omanischer Küche. Zum einen bedeutet das, dass man nach omanischer Manier auf dem Boden sitzt, sich an bequeme Kissen lehnt und nach eigenem Gutdünken entscheiden kann, ob man mit den Händen oder mit Besteck isst, zum anderen bedeutet das auch eine Auswahl von mehr als 65 leckeren traditionellen Speisen. Die Wände sind mit Laternen, ausgestopften Salamandern, kunstvollen Schwertern und allerlei Ornamenten geschmückt, und das Essen duftet ab dem ersten Moment, in dem es serviert wird. Bin Ateeq sind keine edlen Restaurants, aber wenn man in einer der drei Städte unterwegs ist, sollte man hier essen. Die Niederlassung in Nizwa befindet sich im Zentrum neben dem Wadi/ Parkplatz. Zum Abschluss des Menüs werden Kaffee und Datteln gereicht.

## WEITERE INFORMATIONEN

**Bin-Ateeq-Restaurant Nizwa,**
opp. Friday Market & near Nizwa Fort,
www.binateeqoman.com

Jebel Akhdar – Ausblicke
entlang des Wassers.

# 17 Jebel Shams

## Der Sonnenberg

**Wer im Oman hoch hinaus will, kommt am Jebel Shams, dem Sonnenberg, nicht vorbei. Knapp über 3000 Meter erhebt sich dieses Massiv im Al-Hajar-Gebirge, und wenn man sich über die steile Straße Richtung Hochplateau aufmacht, wird man mit einer Landschaft und Ausblicken belohnt, die man unmöglich erwarten konnte. Ein Höhenflug beeindruckender Impressionen.**

Auf dem Weg auf den Sonnenberg trifft man zunächst auf ein verlassenes Dorf. Ghul heißt es, und es klammert sich wie ein Schwalbennest an den kargen Hang. Die Farbe der leer stehenden Häuser hebt sich nur unmerklich von dem Felsen ab. Darunter markiert eine fruchtbare Oase mit Palmengärten die typischen Gegensätzlichkeiten des Oman: karger Fels auf der einen Seite, fruchtbares Land auf der anderen, ein Gegenüber von fordernden Lebensbedingungen und blühender Selbstverständlichkeit. Und man sieht, wie ernst man im Oman das Wasser nimmt – zum Beispiel mit dem Staudamm, der hier einerseits vor Überflutungen schützen und andererseits dieses Lebenselixier speichern soll.

### Eindecken mit etwas Wärme

Die Menschen, die hier entlang der Straße bzw. in dem bewohnten Teil des Dorfes leben, haben sich inzwischen an den Tourismus gewöhnt und bieten bei verschiedenen Haltestellen gerne etwas von dem an, was zu ihrer Tradition gehört. Schöne Stoffe und warme Decken etwa, die man fast zu jeder Jahreszeit ganz gerne kauft, wenn man vorhat, auf dem Gipfel des Sonnenbergs zu verweilen. Der Jebel Shams, der Sonnenberg, hat seinen Namen zwar bekommen, weil er jener Ort im Oman ist, der bei Morgendämmerung als Erster die Sonne empfängt und sie am Abend als Letzter verabschiedet, doch daraus zu schließen, dass man hier in eine ständig sonnen-

Der Sonnenberg ist der höchste des Landes. Gegen die Kälte werden Decken feilgeboten (unten). Noch immer leben auf dem Jebel Shams Menschen nach alten Traditionen (rechts oben).

gewärmte Landschaft eintaucht, wäre leichtsinnig. Immerhin ist der Jebel Shams gut über 3000 Meter hoch, und das bedeutet, dass die Temperaturen hier im Hochsommer bei rund 20 Grad liegen und im Winter durchaus mal den Gefrierpunkt erreichen können. Eine Decke könnte demnach also durchaus willkommen sein.
Der Punkt, den man anpeilen sollte, liegt dabei allerdings knapp 1000 Meter unter dem eigentlichen Gipfel. Hier, auf rund 2000 Metern Höhe, hat man einen atemberaubenden Blick auf die Schlucht des Wadi Nakhr, des sogenannten Grand Canyon des Oman. Gut 1000 Meter fallen die Felswände in die Tiefe und lassen einen spüren, wie klein man der Natur gegenüber ist. Die Aussicht ist gigantisch. Vor allem im Sommer kommen omanische Familien oft hierher, um vor der brütenden Hitze des Tales zu fliehen und zu picknicken. Zu jeder Jahreszeit aber lohnt es sich auf jeden Fall, an den Rändern des Canyons zu verweilen und den Ausblick zu genießen. Je nachdem, wie mutig man ist, kann man entlang der Abbruchkante auch Wanderungen unternehmen. Allerdings sollte man einigermaßen trittsicher sein und keine ausgeprägte Höhenangst haben.

### Die Landschaft zu Füßen

Imposant sind der Blick und das Verweilen auf dem Hochplateau aber allemal, auch wenn man seine Nerven entlang der steil abfallenden Pfade nicht zu sehr beansprucht. Selbst die Guides, die den Blick vom Sonnenberg schon viele Male gesehen haben, lassen es sich nicht nehmen, die Sicht über das Tal eine Zeit lang auf sich wirken zu lassen. Ob sie beten oder doch nur die Natur betrachten? Einerlei. Wenn man die Landschaft auf sich wirken lässt, ist es immer auch gleichzeitig sowohl das eine als auch das andere.
Übrigens: Eine ganz andere Glaubensfrage hängt hier am Sonnenberg noch in der Luft, nämlich die der tatsächlichen Höhe des Gipfels. So genau scheint sie nämlich niemand zu kennen. 3009 Meter ist das am weitesten verbreitete Mittelmaß der Angaben, während das Informationsministerium von 3075 Metern Höhe spricht. So oder so ist der Jebel Shams jedenfalls der höchste Berg im arabischen Raum.

### ÜBERNACHTEN AUF DEM SONNENBERG

Der Jebel Shams ist zwar ohne Weiteres auf einem Tagesausflug zu schaffen, doch wer ein paar Wanderungen in der Höhe plant, sollte sich überlegen, zumindest einmal auch oben zu übernachten. Viel Auswahl gibt es auf dem Jebel Shams derzeit noch nicht, und wer auf Luxus aus ist, sollte vielleicht lieber im Tal etwas suchen. Aber das Jebel Shams Hotel bietet alles, was man für eine Übernachtung braucht. Empfehlenswert ist ein Chalet. Von der Terrasse auf der Rückseite, die nach Westen blickt, hat man abends einen hervorragenden Blick auf den Sonnenuntergang. Für Hitzeflüchtige ist das Hotel sowieso zu empfehlen, für kälteempfindliche Menschen im Winter vielleicht weniger, obwohl die Chalets durchaus beheizbar sind – zumindest theoretisch. Sollte man Extradecken brauchen, sind die Leute vom Jebel Shams auch jederzeit bereit zu helfen. Übrigens auch beim Organisieren und Empfehlen von Wanderungen auf dem Sonnenberg.

### WEITERE INFORMATIONEN

**Jebel Shams Hotel**, Al Hamra, Al Dhakliya, Sultanate of Oman, jabalshams@yahoo.com; www.rahaloman.com

Vom Jebel Akhdar blickt man weit über die Gipfel des Hajar-Gebirges (links). Moderne Gebäude (rechts) und grün leuchtende Terrassenfelder auf dem Saiq Plateau (rechts unten).

# 18 Jebel Akhdar

## Der grüne Berg

**Fruchtbare Terrassenfelder, raffinierte Bewässerungssysteme, traditionelle omanische Dörfer und eine bewegte Geschichte – das alles kann man erwarten, wenn man sich auf den Weg zum Jebel Akhdar, dem grünen Berg des Oman, macht. Für die bergige Fahrstrecke benötigt man unbedingt einen Geländewagen mit guten Bremsen.**

Im Wadi al Muaydin am Anfang der Steigung zum Jebel Akhdar befindet sich ein Kontrollposten des omanischen Militärs. Doch hier findet keine Zollkontrolle statt, und die Militärpräsenz hat hier auch nichts damit zu tun, dass das Saiq-Plateau früher mal Sperrgebiet für Zivilisten war. Vielmehr geht es darum, dass man hier ein strenges Auge darauf haben will, dass niemand die Straße benutzt, ohne mit dem geeigneten Auto ausgestattet zu sein. Das Problem ist weniger die Berganfahrt als die abschüssige Rückfahrt, bei der die Bremsleistung des Fahrzeugs gefordert ist.

Modern und sicher schlängelt sich die Straße durch das Tal und auf den Berg hoch. Allzu viele Gedanken über Kurvenradien hat man sich hier beim Bau der Straße offenbar nicht gemacht. Und vielleicht ist gerade das auch bezeichnend für den omanischen Umgang mit der Natur. Nicht die perfekte und für hohe Geschwindigkeiten geeignete Kurvenführung war das Ziel, sondern das Einfügen einer notwendigen Verkehrsstruktur in eine bestehende Landschaft. Die galt es vor allem zu respektieren, nicht die Fahrfreude der Autofahrer.

### Eintauchen in die Hochebene

Schon nach rund 40 Minuten erreicht man das Hochplateau des grünen Bergs. Und man wird für die Fahrt belohnt. Saiq heißt der Hauptort, der auch dem breiten Plateau seinen Namen gab. Rund 30 Dörfer verteilen sich über diese

Hochebene auf etwa 2000 Metern Meereshöhe. Schon bald merkt man, dass man hier in eine Welt eintaucht, die sich vom Rest des Oman unterscheidet. Die Fruchtbarkeit der Gegend ist dem Umstand zu verdanken, dass es hier mehr Niederschlag gibt als in vielen anderen Regionen des Landes. Und die geologische Beschaffenheit des Bergs – nämlich Kalkstein – sorgt dafür, dass der Regen gut gespeichert werden kann. Verborgen im Berg liegen viele reichhaltige Wasserhöhlen, aus denen auch die Waale, die Kanäle für die Terrassenfelder, gespeist werden. Erfrischend und beeindruckend sind Wanderungen entlang dieser Wasseradern und Terrassen.

Olivenbäume, Mandelbäume, Feigen- und Aprikosenbäume gedeihen hier wunderbar. Genauso wie der Granatapfel, dessen Früchte im Spätsommer aufbersten. Besonders schön ist aber freilich die Zeit zwischen Ende März und Anfang April, wenn die Rosenfelder in voller Blüte stehen.

## Von Rosen und anderen Schönheiten

Hier entwickeln die Rosenblüten einen besonders markanten und intensiven Duft, weshalb die Rosenwasserproduktion zu den Besonderheiten des Jebel Akhdar gehört. Aber auch in anderen Jahreszeiten gibt es genug zu sehen und zu erleben. Zum Beispiel die Impressionen, die man mit Blick auf das Wadi Bani Habib einfangen kann. Dort fällt ein kleines Dorf ins Auge, das sich stolz mit hübschen Häusern und goldenen Säulen präsentiert. Weiter unten im Tal sieht man noch die Überreste des alten, verlassenen Dorfes Bani Habib, das irgendwann so baufällig wurde, dass die Menschen es vorzogen, sich neue Häuser zu bauen. Der Ort selbst wird aber noch respektiert – als Baudenkmal zum einen, aber auch als geschichtsträchtige Siedlung. Ende der 1950er-Jahre hielt sich hier Dulayman bin Himyar, der Anführer des Jebel-Akhdar-Aufstands, versteckt. Damit markiert der Ort jenen Moment, als während der Regierungszeit des Vaters des jetzigen Sultans das gesamte Inland um Nizwa mit britischer Militärhilfe in den Oman inkorporiert und das Ende des letzten, mit dem Sultan konkurrierenden Imams, erstritten wurde. Von alledem ist heute nichts mehr zu spüren. Seit Sultan Qabus das Land regierte, ist auch politisch und auch hier am grünen Berg alles im grünen Bereich.

## SCHÖN SCHLAFEN AUF DEM SAIQ PLATEAU

Bis vor Kurzem gab es auf dem Jebel Akhdar nicht viel Auswahl, was das Übernachten betrifft. Inzwischen zieht der Berg aber immer mehr Touristen an, die mehr als einen Tag hier verbringen wollen. Dies kann man nunmehr komfortabel im Sahab Hotel. Die Anlage ist neu, liebevoll gestaltet und bietet vom Pool und vom Warmwasserbecken einen grandiosen Blick ins Tal. Man nächtigt zu jeder Jahreszeit gut und mit frischer Abendluft auf knapp über 2004 Metern und hat die Wahl, ob man im Haupthaus oder in einem der ansprechend eingerichteten Chalets schlafen möchte. Mehr als 5000 Quadratmeter misst der Garten, in dem auch 270 Millionen Jahre alte Fossilien eingebaut wurden. Der Gast kann sich zu jeder Tageszeit von der auf internationale Gäste ausgerichteten Küche verwöhnen lassen. Natürlich hilft das Hotelmanagement auch gerne beim Zusammenstellen eines Ausflugsprogramms für die Zeit des Aufenthalts.

## WEITERE INFORMATIONEN

**Sahab Hotel**, Jabal Al Akhdar,
Nizwa, Sultanate of Oman,
sahab@sahab-hotel.com,
www.sahab-hotel.com

# 19 Saiq

## Das Geheimnis des Rosenwassers

**Rosenwasser ist im arabischen Raum ein besonders wertvolles Gut. Zum einen, weil es für die Parfümherstellung und als Gewürz, zum Beispiel für Marzipan, verwendet wird. Zum anderen, weil es zusammen mit Orangen- und Granatapfelsaft auch für die Produktion von alkoholfreiem Champagnerersatz gebraucht wird. Und es scheint sogar lebensverlängernde Eigenschaften zu haben.**

Abdullah Bin Saif Assalen ist ein ehrenwerter Mann. In Saiq, wo er auch wohnt, hat er in einer kleinen Hütte seine Werkstatt für Rosenwasserproduktion eingerichtet, in der es nach Holzkohle, Rauch und süßlichem Rosenwasser riecht. Weil er weiß, wozu die omanische Gastfreundschaft verpflichtet, lädt er die Besucherrunde zuerst in sein Privathaus ein und offeriert Datteln, Äpfel und Kaffee mit Kardamom. Jetzt im Sommer, sagt er, sei ohnehin in der Werkstatt nichts los. Die Arbeit beginnt im April, wenn die Rosenblüten geerntet und für die Destillation vorbereitet werden.

### Zu Gast bei Abdullah

Der Raum, in den er uns führt, ist auf eine typisch omanische Weise gemütlich und enthält Besonderheiten dieser Gegend. Der Boden ist mit weichen Teppichen ausgelegt, an der Wand lehnen Kissen, in Nischen stehen Bücher, die an das Fort Jabrin erinnern, und daneben, als Verzierung, Gewehre und Munition, die an den Jebel-Akhdar-Aufstand gemahnen. Doch Abdullah Bin Saif Assalen ist ein friedfertiger Mann, und er strahlt die Aura eines Menschen aus, der sich seiner Bedeutung für die Gesellschaft bewusst ist. Natürlich liegt das nicht zuletzt an seinem Beruf. Rosenwasser ist ein kostbares Gut, das von jedem Omaner geschätzt wird. Nicht nur, weil es gut duftet, sondern auch, weil es eine lange Tradition hat. Wie bei solchen Zusammenkünften üblich, werden Geschichten ausgetauscht. Unsere Ministeriumsbegleiter erzählen das Neueste aus der

Sulayman, der älteste Mann von Saiq, und das Geheimnis der Rosenblätter (unten). Rosenwasserproduzenten (rechts oben) sind Ehrenmänner.

Hauptstadt, und Abdullah berichtet vom Dorfältesten, der ebenfalls zu seiner Gilde gehört. Rosenwasser, so erzählt Abdullah, hält einen lange am Leben. Und weil er dieser Überzeugung Nachdruck verleihen will, erzählt er, dass dieser ältere Kollege von ihm, Sulayman bin Halil bin Amor at de Gory, heute ungefähr 140 Jahre alt sein soll.

»140 Jahre?«, fragen wir ungläubig. Er müsste demnach ja der älteste Mann der Welt sein. »Na ja«, antwortet Abdullah, »so genau weiß das nicht mal der alte Rosenmann selbst. Aber wir können ihn ja besuchen.« Also trinken wir unseren Kaffee aus und lassen uns noch die Werkstatt Abdullahs mit dem alten Holzofen, den vielen großen Rosenwasser-Amphoren und die geheimnisvollen Ampullen für den täglichen Gebrauch zeigen. Ein kleines Bett zeugt davon, dass Abdullah hier in der Zeit der Rosenwasserproduktion Tage und Nächte verbringt, damit der Holzofen immer brennt und die Destillation ununterbrochen läuft. Eine wichtige Arbeit, die ihm gefällt.

## Zu Hause bei Methusalem

Kurz darauf sind wir bei Sulayman. Vor etwas mehr als zehn Jahren hat er zum dritten Mal geheiratet, nachdem zwei Ehefrauen schon verstorben waren. Sein jüngstes Kind ist zehn, sein ältester Sohn schon vor vielen Jahren als Großvater gestorben, genauso wie sein zweit- und sein drittältester Sohn. Ab dem Viertältesten sind aber alle seiner 18 Kinder noch am Leben, der älteste davon ist 65. Aber macht das Sulayman wirklich 140 Jahre alt? Wir fragen ihn, wie alt er war, als der Anführer des Jebel-Akhdar-Aufstandes, Sulayman bin Himyar, sich Ende der 1950er-Jahre in der Nähe versteckte. So genau weiß Sulayman das nicht mehr. Aber er erinnert sich, dass sein Namensvetter, der Rebell, ein kleiner Bub war, als er selbst Mitte 20 war. Wir rechnen nach. Also könnte er rund 120 Jahre alt sein. Ob das ungefähr hinkommt, fragen wir ihn. »120?«, jauchzt er. »Schön wär's, wenn ich noch so jung wäre.« Was sicher ist: Es muss sich lohnen, in dieser Gegend von Rosenwasser zu leben.

## LUXUS IN DEN BERGEN

Ein Hideaway auf einem Berggipfel mit tiefen Einblicken in die umgebende Canyon-Welt. Das neue Resort ist der wahr gewordene Traum aller Abenteurer mit Hang zum Luxus: Ganz oben auf einem Plateau thronen die Gästevillen, die Poolanlage und die Terrassen eines der schönsten Hotels, die der Oman zu bieten hat. Gewohnt wird in minimalistisch designten Suiten, die durch ihre verwendeten Materialien dennoch sehr behaglich wirken. Die schönsten verfügen über eigene Infinity Pools. Tagsüber ist man mit erfahrenen Guides auf herausfordernden Trails und zu abgelegenen Dörfern unterwegs, verfeinert seine Fähigkeiten im *rock climbing* (Bergsteigen), übt sich im Bogenschießen, relaxt im Spa-eigenen Hammam oder gönnt sich ein orientalisches Verwöhn-Treatment.

## WEITERE INFORMATIONEN

**Anantara Al Jabal Al Akhdar Resort**, www.anantara.com/en/jabal-akhdar

Stolzer Falkner mit einem wertvollen, abgerichteten Jagdfalken in der Wüste (oben). Der Raubvogel ist durstig nach der Jagd (rechts oben) und bereit für neue Herausforderungen (rechts unten).

# Liebstes Haustier: ein Falke

**Andere Länder, andere Sitten: Nicht Hund oder Katze sind die erklärten Lieblinge der Männer am Golf, sondern Kamel und Falke. Die Raubvögel mit dem klaren Blick und dem scharfen Schnabel schätzt jeder echte *national*. Kein Wunder, dass die Jagd mit abgerichteten Falken gleichermaßen Statussymbol und leidenschaftliches Hobby ist.**

Abgerichtete Falken genießen im Oman und in den Vereinigten Arabischen Emiraten ein echtes Luxusleben, gehören sozusagen zur Familie und haben sogar einen eigenen Reisepass, wenn sie mit ihren Besitzern im Flugzeug ins Ausland und zu fernen Jagdzielen, etwa nach Pakistan oder in die Mongolei, unterwegs sind. Oft sind die gefiederten Lieblinge, die dann eine geschmückte lederne Kappe auf dem Kopf tragen, damit sie in beruhigender Dunkelheit sind, auch auf einem eigenen Sitz unterwegs, meist in der Business, mitunter auch in der First Class oder gleich im Privatjet.

## Uralte Jagdtradition

Das Hobby hat eine Tradition, die über drei Jahrtausende zurückreicht, und gehört seit jeher zur Kultur am Golf! Und es ist eine reine Männerdomäne, selbstverständlich: Die *nationals* verabreden sich mit anderen Männern in den klimatisch so angenehmen Wintermonaten und fahren gemeinsam für ein paar Tage in die Wüste zum Luxus-Camping mit den Raubvögeln. Auf ein Kommando hin erheben sich die Falken vom ausgestreckten Arm ihrer Besitzer in die Lüfte. Sie fliegen sehr hoch – höher als beispielsweise Adler – und können so kaum entdeckt werden. Mit einer Geschwindigkeit von bis zu 200 km/h stürzen sich die in der Regel weiblichen Tiere mit überaus scharfen Augen auf ihre Opfer: kleinere Vögel, Hasen, Kaninchen und Rebhühner, Beute für ihre Besitzer, die ihre Falken mit Leckerbissen belohnen. Ein Erlebnis für Besucher ist es, einmal eine solche Falkenjagd zu beobachten, entsprechende

Vorführungen (bei denen keine Tiere getötet werden und die daher auch für Familien mit Kindern geeignet sind) gibt es beispielsweise in den Wüstenhotels in Dubai und Abu Dhabi ebenso wie in Oman (z. B. im Anantara Al Jabal Al Akhdar Resort). Neben Flugdemonstrationen und der Gelegenheit zu Fotos mit einem Falken erfahren Sie auch allerlei spannende Tricks erfolgreicher Falkner und lernen, wie die Jungvögel an ihre zukünftigen Besitzer gewöhnt werden und auf welche Weise verhindert wird, dass die Vögel mit erlegter Beute einfach auf Nimmerwiedersehen in der Wüste verschwinden. Der Verlust der wertvollen Tiere wäre auch aus finanzieller Sicht eine kleine Katastrophe: Bis zu 50 000 Euro kosten gut ausgebildete Falken mit Stammbaum. Von der UNESCO wurde die Falknerei am Golf in die Liste des immateriellen Kulturerbes aufgenommen, immer wieder finden in der Region auch mehrtägige Festivals statt, bei denen die faszinierenden Greifvögel im Mittelpunkt stehen.

### Federn verloren? Frau Dr. Müller hilft!

Die Beizjagd kann auch zu Verletzungen der Vögel führen. Dann wenden sich die Scheichs mit ihren Lieblingen vertrauensvoll an eine deutsche Tierärztin: In Abu Dhabi liegt das renommierte Falcon Hospital (www.falconhospital.com), in dem jährlich mehrere Tausend der Greifvögel verarztet werden. Mitunter müssen nur verloren gegangene Federn ersetzt werden – dafür besitzt man hier eine gewaltiges Archiv mit Zigtausenden von Ersatzfedern –, manchmal wird operiert, oder es steht ein kompletter Gesundheits-Check-up an. Auch Besucher sind im Falcon Hospital willkommen: Eine ganz neue Erfahrung ist es, die Patienten auf ihren kleinen Bänken warten zu sehen, bis sie bei Frau Dr. Müller an die Reihe kommen.

Wandeln in der Geschichte. Misfah ist ein Gruß aus der Vergangenheit. Die aus Natursteinen gebauten Häuser scheinen teilweise mit den Felsen zu verschmelzen. Und doch gibt es auch hier dank des Bewässerungssystems Vegetation.

# 20 Misfah

## Das Dorf der Vergangenheit

**Irgendwo zwischen gestern und heute lebt das Dorf Misfah in etwa 900 Metern Höhe, angeschmiegt an einen Berghang etwa acht Kilometer nördlich von Al Hamra. Es ist eines jener Dörfer, in denen die Zeit stillzustehen scheint, und es ist ein Ort, den man auf jeden Fall, aber unbedingt behutsam, besuchen sollte. Denn Misfah ist kein Museum, sondern eben auch ein Dorf der Gegenwart.**

Bis hin zum kleinen Parkplatz, der am Dorfeingang angelegt wurde, merkt man eigentlich noch nicht, was einen in Misfah erwartet. Die Straße dorthin ist asphaltiert und gut ausgebaut, und rechts von dem Dorfeingang steht sogar ein großes Schild, auf dem in Englisch die wichtigsten Informationen über dieses kleine bezaubernde Nest zu lesen sind. Von Weitem schon kann man das Dorf sehen, und man fragt sich auch von der anderen Talseite aus, wie dieser Ort, der genau an der Schnittstelle zwischen Oase und kargem Fels gewachsen ist, im Inneren wohl sein mag.

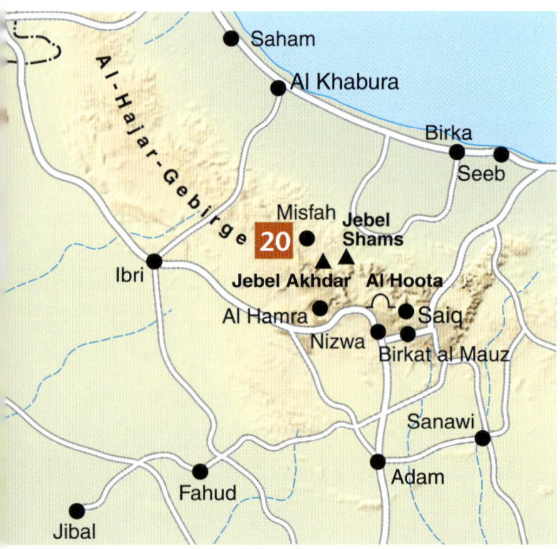


### Gelebte Dorfgeschichte

Vor ein paar Jahren noch war Misfah nicht mehr und nicht weniger als ein historisches städtebauliches Juwel, in dem der Alltag der Bewohner den Ausstellungscharakter des Dorfes überlagerte. Wenn man sich einen Weg durch die engen Gassen suchte, huschten manchmal verschämt sich verschleiernde Frauen an einem vorbei, und in den größeren Wasserbecken, die von den Kanälen gespeist werden, planschten Kinder gegen die Tageshitze an. Doch dann wurde Misfah zu einem der beliebtesten »Geheimtipps« für Touristen, und die Dorfbewohner zogen sich immer mehr zurück. Deshalb spaziert man heute fast ein bisschen mit schlechtem Gewissen zwischen den aus Naturstein gebauten Häusern und über die Felsenflächen, die dazwischen liegen. Das heißt freilich nicht, dass man in Misfah in irgendeiner Form unfreundlich oder abweisend behandelt wird. Es bedeutet lediglich, dass die Menschen, die heute noch in Misfah leben, lieber in ihren Häusern bleiben, wenn sie sehen, dass sich der kleine Parkplatz am Dorfeingang füllt. Je nachdem, wie man persönlich als Reisender unterwegs ist, kann es noch bedeuten, dass man anfängt, darüber nachzudenken, was Tourismus an sich bewirkt und wie er im Idealfall gestaltet wird. Das Traumwandeln zwischen den alten Türen und verschachtelten Häusern und das Begehen der Steinstufen, die jahrhundertelang Sandalenschritte gespeichert haben, kann jedenfalls dazu animieren, das gefühlte Recht des Gastes zu relativieren.

## Ungewisse Zukunft

Je weiter man die Stufen nach unten klettert, desto näher kommt man auch an die Schnittstelle zwischen Häusern und Palmwald. Dazwischen bahnen sich die Falaj-Kanäle ihren Weg und bewässern mehrere sprießende Obstgartenparzellen. Der Schatten der hohen Dattelbäume und das fließende Wasser sorgen für ein angenehmes Klima. Und es ist meistens still im Ort. Teile des historischen Dorfkerns wirken sogar verlassen. Hier und da fallen über den schattigen Durchgängen hängende Deckenbalken ins Auge, die dringend restauriert werden müssten. Doch das Problem ist hier vermutlich auch, dass noch nicht ganz klar ist, was mit den Häusern passiert, die von ihren ursprünglichen Bewohnern verlassen wurden. Hier wie überall zieht es natürlich viele Omaner der jüngeren Generation hinaus in die nächstgrößere oder zumindest modernere Siedlung. Und ein Umschwenken auf das Geschäft mit dem aufblühenden Tourismus ist hier nicht zwangsläufig der ersehnte Weg. Ist Misfah damit auf dem besten Weg, noch mehr ein Dorf der Vergangenheit und noch weniger ein gelebter Ort der Gegenwart zu werden? Die nächsten Jahre werden eine Antwort liefern. Bis dahin lohnt es sich aber auf jeden Fall, die vorhandenen Impressionen behutsam aufzunehmen. Und es lohnt sich, Misfah als das zu sehen, was es ist: ein Dorf, das versucht, sein ursprüngliches Leben inmitten einer blühenden Oase nicht ganz zu vergessen.

## KLEIDERREGELN IM OMAN

Gerade in Dörfern wie Misfah wird man an die Unterschiede zwischen westlicher und orientalisch-arabischer Lebensweise erinnert. Auf Probleme, die dadurch entstehen könnten, wird man nie ernsthaft stoßen, aber es gibt – zumal in den tendenziell konservativeren Gegenden – Dinge, die man beachten kann, um Probleme von vornherein zu vermeiden. Dazu gehören ein paar Kleiderregeln. So wird es von den konservativen Menschen im Oman als unschicklich empfunden, allzu viel Haut zu zeigen. Wenn man also in Dörfern wie Misfah unterwegs ist, sind Frauen gut beraten, an diesem Tag den Minirock zu Hause zu lassen und ein nicht allzu weit ausgeschnittenes Oberteil anzuziehen. Männer in kurzen Hosen wirken im Oman ebenfalls etwas lächerlich, weil diese der dort üblichen Unterwäsche entsprechen. Handelsübliche Bademoden sind kein Problem, aber es wird empfohlen, dass auch am Strand Männer besser Shorts und Frauen Einteiler tragen statt Bikinis. Vor allem aber, dass sie die Badebekleidung anbehalten.

## WEITERE INFORMATIONEN

Info@omantourism.de,
www.omantourism.de

# 21 Al Hamra

## Die rote Lehmstadt

**Spätestens seit Computerspiele und Kinofilme wie *Prince of Persia: Der Sand der Zeit* die Szenerie alter arabischer Dörfer populär gemacht haben, kursieren in vielen Köpfen die Bilder von verschachtelten Siedlungen mit flachen Dächern, engen Gassen und orientalisch verzierten Türen. Es sind Bilder, die die Magie des alten Orients versprühen, und es sind Bilder, die in Al Hamra wieder aufblitzen.**

Eines sei vorausgeschickt: Das alte Al Hamra, das von den meisten Besuchern angesteuert wird, ist heute kein belebtes Dorf mehr, und wenn man zuvor in Misfah war, ahnt man, dass hier eben schon das passiert ist, was Misfah noch blühen könnte. Doch damit sind die Parallelen schon erschöpft. Denn Al Hamra ist ein historisches Dorf, das sich im Tal an eine Oase anschmiegt, und die Häuser, die man hier sehen kann, sind im jemenitischen Stil aus Lehmziegeln gebaut und erheben sich zwei- und dreistöckig über dem Boden. »Die Rote« heißt Al Hamra ins Deutsche übersetzt, was mit ebenjenem Material zu tun hat, aus dem die Häuser des gesamten Dorfs gebaut sind.

Man erreicht Al Hamra über eine Straße, die genau an der Schnittstelle zwischen der blühenden Oase und dem Dorfplatz endet. An die Oase grenzen auch schon die Häuser des gleichnamigen neuen Dorfs an. Wie so oft stehen Geschichte und Gegenwart einander genau gegenüber.

### Von der Vergangenheit beseelt

Rund 400 Jahre alt soll das alte Al Hamra sein, und in seiner Blüte müssen in dem Dorf wichtige und vermögende Menschen gewohnt haben. Denn die Türen, die man sieht, sind fast alle elegant und kunstvoll verziert. Ohne Zweifel trägt Al Hamra die Auszeichnung, eine der

Impressionen aus der roten Stadt. Al Hamra ist berühmt für seine schmucken Tore.

ältesten und zugleich besterhaltenen Lehmsiedlungen des Oman zu sein, zu Recht. Nur eben bewohnt ist das Dorf schon seit Jahren nicht mehr, zumindest nicht ständig. Trotzdem lassen sich die wichtigen Treffpunkte noch gut erkennen: der alte Suq mit den kleinen Ladentüren und die schattigen Durchgänge, in denen man sich zu jeder Jahreszeit gern aufgehalten hat. In der touristischen Hauptsaison, also zwischen Herbst und Frühling, werden manche der alten Häuser geöffnet, und man bekommt einen Eindruck von dem Leben, das sich hier einst abgespielt hat. Korn wird gemahlen, Teig geknetet und zu einem dünnen, duftenden Fladenbrot gebacken. »Schmetterlingsflügel« heißt diese Köstlichkeit, die es natürlich auch heute noch im Oman gibt. Der Duft beseelt die Fantasie, während man die Bilder des Lehmdorfs im Kopf abspielen lässt. Wie mag es wohl zugegangen sein, als hier noch alle Häuser bewohnt waren? Und was soll in der Zukunft aus diesem Dorf werden?

## Antworten auf den Lauf der Zeit

Wieder liegt eine Möglichkeit auf der Hand: Man könnte das Dorf – wie es teilweise schon passiert – restaurieren und es zu einem belebten Ausstellungsort machen. So wie das Bait al Safah, eines der Häuser, das zu einem Heimatmuseum gemacht wurde. Zumindest besteht kein Zweifel daran, dass der Sultan und seine Behörden großen Wert darauf legen, zwei Dinge gleichzeitig zu schaffen: die Bevölkerung in die Neuzeit zu begleiten und sie mit neuen Wohnmöglichkeiten zu versorgen sowie andererseits das historische und bauliche Erbe des Landes zu pflegen und zu erhalten. Um beides zu bewerkstelligen, müssten die früheren oder Noch-Bewohner von Dörfern wie Al Hamra allerdings ins Tourismusgeschäft einsteigen. Und das ist nicht so einfach, denn die hiesigen Omaner und der Tourismus müssen sich erst noch besser kennenlernen. Tatsache ist: Einer der Eindrücke, die man aus Al Hamra mitnimmt, ist der einer Zeit im Wandel. Heute ist es für die meisten Omaner noch erstrebenswerter, in neue, moderne Wohnungen zu ziehen. Aber irgendwann wird – ähnlich wie in Europa, nur etwas zeitversetzt – für die Omaner vermutlich auch die Zeit kommen, in der junge und private Bauherren den Reiz historischer, aber gut sanierter Häuser erkennen. Ein Schmuckstück ist Al Hamra allemal, und man sollte sich für einen Spaziergang durch das Dorf genügend Zeit nehmen und die Eindrücke auf sich wirken lassen. Ein lächelndes »Hello, how are you« öffnet Ihnen dabei unterwegs die Herzen der Omanis.

## IMMER WASSER IM GEPÄCK

Es klingt banal, aber es ist ein Tipp, den man beherzigen sollte: Egal ob man im Sommer oder im Winter im Oman unterwegs ist, tagsüber ist es warm und die Sonne eine Herausforderung für den ans mitteleuropäische Klima gewohnten Menschen. Deshalb ist man gut beraten, im Rucksack oder in der Umhängetasche immer mindestens eine kleine Flasche Wasser dabeizuhaben. Im Sommer, wenn im Oman auch mal bis zu 50 Grad im Schatten gemessen werden, ist ein vernünftiges Wasserreservoir fast schon Pflicht. Gerade wenn man im Freien unterwegs ist und in Ruhe Orte wie Al Hamra besichtigen will, sollte man mit genügend Flüssigkeit ausgestattet sein. Denn es kann durchaus passieren, dass man von dem, was man sieht, so gefesselt ist, dass man die Signale des Körpers einfach überhört. Zum Beispiel, wenn man (was ein weiterer Tipp in Al Hamra ist), beim Abzeichnen der schönen Türen des verlassenen Dorfes die Zeit vergisst.

## WEITERE INFORMATIONEN

Info@omantourism.de
www.omantourism.gov.om

Al Hoota: Im Bauch des Gebirges, beim Anblick der Tropfsteinsäulen und der unterirdischen Seen, wird Urzeit lebendig.

# 22 Al Hoota

## Höhlenstimmung

**Das gesamte Gebirge in der Nähe des Jebel Shams ist von Höhlen durchzogen. Doch die wenigsten kann man tatsächlich und vor allem sicher besuchen. Eine Ausnahme ist die Al-Hoota-Höhle, die für den Tourismus erschlossen wurde. Hier sieht man zumindest einen Teil des gigantischen Höhlensystems.**

Insgesamt dürfte die Al-Hoota-Höhle gut viereinhalb Kilometer lang sein, doch nur 500 Meter wurden 2006 für den Tourismus eröffnet. Das, was man sieht, ist aber dennoch beeindruckend und wurde mit allen verfügbaren Mitteln für den Besucher zugänglich gemacht. Die Reise in das Innere der omanischen Berge beginnt mit einer kurzen Zugfahrt. Schon vorher erfährt man, dass die Höhle etwa zwei Millionen Jahre alt und die einzige öffentlich zugängliche in der gesamten Golfregion ist. Insgesamt dauert die Tour 45 Minuten, und sie zeigt, was den Augen der Oberflächenbewohner im Normalfall verborgen bleibt.

### Eintauchen in eine fremde Welt

Dazu gehören nicht nur die mächtigen Tropfsteinsäulen, die von unten und oben über Jahrmillionen gewachsen sind und ein bizarres und dramatisch inszeniertes Bild abgeben, sondern auch ein einzigartiges Ökosystem, das sich hier unten etabliert hat. In der Höhle gibt es zwei unterirdische Seen. Der eine enthält rund 30 000 Kubikmeter Wasser, der andere ist 15 Meter tief, 800 Meter lang und zehn Meter breit und beinhaltet also etwa die vierfache Wassermenge. Und die Seen sind bewohnt. Von dem blinden und nahezu durchsichtigen Höhlenfisch *Garra barreimiae* zum Beispiel, aber auch von Dutzenden anderen Tierarten, die sich dieser besonderen Umgebung angepasst haben. Natürlich leben auch die obligatorischen Fledermäuse in der Höhle. Fürchten muss man sich aber nicht vor ihnen. Genauso wenig wie vor der Tropfsteinformation in Löwenform, die man auf der Tour zu sehen bekommt. Zum Schluss lohnt sich ein Besuch in der geologischen Ausstellung.

Die Dattel, frisch oder getrocknet, prägt den gesunden Alltag der Omaner. Die Echte Dattelpalme trägt nur etwa alle zwei Jahre Früchte, dann aber bis zu 100 Kilogramm.

# 23 Birkat al Mauz

## Früchte des Lebens

**Nach der Überzeugung der meisten Araber löst die Dattel die meisten gesundheitlichen Probleme. Mehr als einen Dattelbaum, so glaubt man, braucht ein Mensch nicht. Denn wenn er nur eine dieser Palmen im Garten hat, hat er zu essen, das Material für ein Dach und Schatten. Die Dattelpalme ist der Lebensbaum.**

Birkat al Mauz ist zweierlei: ein beschauliches Dorf nebst schöner Festung, das man auf einer Reise in das Innere des Oman nicht verpassen sollte, und eine fruchtbare Explosion in Grün, die das gleichnamige Wassertal kennzeichnet. Hunderte von Datteln wachsen hier zu den Füßen karger Felsen, und sie erzählen von der Bedeutung dieses Lebensbaums an sich und schlagen eine Brücke, die weit über das Arabische Meer reicht. Wie viel des Erfolges der omanischen Geschichte tatsächlich mit der Dattel zusammenhängt, ist schwer zu sagen. Sicher ist aber, dass der Oman eine grandiose Seefahrergeschichte hat, und dass die omanischen Seeleute im Unterschied zu ihren europäischen Kollegen sehr viel weniger mit der Vitaminmangelkrankheit Skorbut zu kämpfen hatten, weil sie auf ihren Schiffen immer reichlich Datteln mitführten. Und die enthalten so ziemlich alles, was der Körper braucht: Eisen, Kalium, B-Vitamine und viele andere Inhaltsstoffe. Tatsächlich scheint es so zu sein, dass man mit dem Verzehr von rund einem Dutzend Datteln täglich den menschlichen Bedarf an Vitaminen und Mineralien abdecken kann.

### Immer die richtige Wahl

Kein Wunder, dass die Dattel auch im Oman zum Alltag gehört. Schätzungsweise zehn Millionen Dattelpalmen stehen im Oman, sie bedecken rund 60 Prozent der landwirtschaftlich nutzbaren Fläche. Und Dattelprodukte findet man überall: Körbe aus Dattelblättern, Schnitzereien aus Dattelholz und natürlich die Frucht selbst in jeder denkbaren Verarbeitungsform. Wenn man eine Schale mit frischen Datteln angeboten bekommt, sollte man deshalb schnell zugreifen – es lohnt sich!

# 24 Fahud

## Erdöl, der Reichtum des Oman

**Der Flug nach Fahud hat Verspätung. In der Abflughalle warten Männer, die ihre Arbeitsschicht auf den Ölfeldern im Westen des Landes antreten müssen. Ganz wie in der landesweiten Statistik und im Sinn der offiziellen »Omanisierungspolitik«, sind es etwa zur Hälfte Omaner. Der Rest ist eine bunte Mischung von Briten, Deutschen, Indern und anderen Nationalitäten.**

Als Mitte der 1960er-Jahre die große Zeit der Erdölförderung im Oman begann, arbeiteten hier vor allem ausländische Unternehmen. Der Deal war verhältnismäßig einfach: Das Unternehmen brachte Know-how und die Ausrüstung, das Land erteilte die Lizenz. Dafür durfte das Unternehmen dann 40 Prozent des Ertrages behalten. Mehr oder weniger ist das auch heute noch so. Das wichtigste und größte Unternehmen auf diesem Gebiet ist Petroleum Development Oman, kurz PDO, und am Anfang steckte vor allem der britische Konzern Shell dahinter. Doch 1974 kaufte der omanische Staat 60 Prozent der Anteile. Inzwischen ist die »Omanisierung« so weit fortgeschritten, dass die PDO auch in ihrer inneren Struktur weitgehend von Inländern bestimmt wird. Knapp 90 Prozent der Belegschaft sind heute Omaner, innerhalb des nächsten Jahrzehnts will man 100 Prozent erreichen. Zurzeit sind neben der PDO rund 100 andere Firmen im Erdölgeschäft unterwegs. Es wird gebohrt, gefördert, aber vor allem wird nach neuen Ölfeldern gesucht. Wie viel Öl es tatsächlich gibt, weiß allerdings niemand so genau. Und selbst wenn, würde es geheim gehalten.

### Im Zentrum des omanischen Reichtums

Nach dem Start dreht unsere Maschine über der Capital Area eine Schleife und richtet sich danach in Richtung Südwesten aus. Rechter Hand zieht das Al-Hajar-Gebirge an uns vorbei,

Die Ölfelder des Oman sind die Sparkasse des Landes. Nur wenige Besucher werden dorthin zugelassen (unten). Fahud – noch gibt es große Ölreserven (rechts oben).

und bald sehen wir unter uns die beeindruckende Mondlandschaft der Wüste. Ob ein guter Geologe anhand der Landschaftsstrukturen mögliche Ölfelder erahnen kann? Ganz so einfach ist es leider nicht, und das ist auch der Grund, warum ausländische Fachkräfte noch einige Zeit im Oman beschäftigt sein werden. Alles an Fahud ist sauber. Eine kleine Stadt ohne Frauen, in der mit dem Bewusstsein gearbeitet wird, dass hier etwas Wichtiges passiert. Schließlich wird hier der allgemeine omanische Wohlstand zutage gefördert. Je nach Gesellschaft, bei der die Arbeiter angestellt sind, und je nach Vertrag bleiben die Männer drei, vier oder fünf Wochen hier und dürfen dann ebenso lange nach Hause.

Mit 40 Stundenkilometern ziehen wir unsere Bahnen durch das Gelände. »Schneller geht nicht«, sagt Mohammed. »Sicherheitsvorkehrung, wollen Sie mal sehen?« Ohne auf eine Antwort zu warten, zeigt er uns gleich mehrmals, wie das Auto bei einer Geschwindigkeitsübertretung automatisch und wie von Geisterhand plötzlich gedrosselt wird. Uns kam das gerade recht, so konnten wir das beeindruckende Gebiet genau in Augenschein nehmen.

## Fördern für die Zukunft des Landes

Unter anderem bringt uns Mohammed auf einen Aussichtsplatz, von dem man einen filmreifen, riesigen runden Krater sieht. Darin sieht man die Überbleibsel alter Bohrtürme. »Das ist Fahud 1«, sagt Mohammed. Ab dem 18. Januar 1956 bohrten die Ölsucher hier eineinhalb Jahre lang nach dem schwarzen Gold und verfehlten das große Reservoir unter der Erde nur um wenige Meter. Aber sieben Jahre später versuchte man es noch mal und hatte mehr Glück. »Fahud 2«, wie diese erste sprudelnde Bohrstelle genannt wurde, brachte den Oman mit einem Schlag in eine völlig neue wirtschaftliche Position. 1963 war das, also sieben Jahre bevor Sultan Qabus das Regierungsamt übernahm – weshalb es noch etwas dauerte, bis die neue Errungenschaft wirklich ausgeschöpft wurde.

Ein paar Stunden und mehrere Bohrtürme später ist es Zeit, wieder zum Flugplatz zu fahren. Ein bisschen wehmütig sieht Mohammed auf die Arbeiter, die ihre Wochenschicht gerade beendet haben und mit uns auf den Rückflug warten. »Maa as-salaama – auf Wiedersehen«, sagt er und und winkt uns lächelnd nach.

## MUSIK, MODE UND SPORT

Der Oman bietet natürlich nicht nur Öl, Handel und Tourismus. Einen bunten und unterhaltsamen Überblick über die Geschichte und das Leben im Land bietet das alljährliche Muscat Festival mit Bildern und Szenen aus dem Leben und der Geschichte Omans. Allerdings muss man dafür natürlich zur richtigen Zeit vor Ort sein. Das Festival findet jährlich im Januar und Februar in der Hauptstadt statt und bietet von Musik über Handwerksschauen und Sportattraktionen so ziemlich alles, was mit dem Oman in Verbindung gebracht werden kann. Pferderennen und sogar eine Fußballmeisterschaft gehören übrigens auch dazu. Ein Teil des Festivalprogramms ist die Muscat Fashion Week, bei der zeitgenössische Mode aus der arabischen Welt vorgestellt wird, präsentiert von Modeschöpfern aus vielerlei Ländern, beispielweise aus der Türkei, aus Afghanistan, Indien und Pakistan.

## WEITERE INFORMATIONEN

www.muscat-festival.com

# Südlich der Hauptstadt

*Ein Hauch Abenteuer und jede Menge Abwechslung*

Traditionelle Dörfer, Fischfang, Beduinen und fruchtbare Täler kennzeichnen das Land südlich der Hauptstadt (oben). Glasklar und smaragdgrün leuchtet das Wasser des Wadi Tiwi (links).

Masqat, Oman
Al Mutrah
Bawshar
Al Amerat
Al Hajar
Golf von Oman
Quryat
Daghmar
Wadi Serin
Dibab
Mahalih
27 Wadi Tiwi
Al Ahmadi
Ibra
26 Qalhat
Al Mudairib
Al Tawaiyan
25 Sur
Ras Al Had
Ras Al Jinz Turtle Nature Res.
Al Mintirib
Al Kamil
Wahiba Sands
28
Balad Bani Bu Hassan
Balad Bani Bu Ali
N
0
20 km

# Unterwegs zur weißen Stadt

**Neben einem einsamen Wadi, in dem das Wasser durch uralte Falaj-Wasserkanäle rinnt, liegen südlich der Hauptstadt die gewaltigen Sanddünen der Wahiba Sands, einer Wüste wie aus dem arabischen Märchenbuch. Stille umfängt die Besucher, und wer in einem Beduinencamp übernachtet, dem eröffnet sich ein Sternenhimmel von nie gesehener Pracht.**

## Wo die Schildkröten leben

Die Fahrt von Masqat nach Sur und durch das Landesinnere schenkt neue Eindrücke von der Vielfalt Omans: Wasserreichtum und Sand in allen Rot- und Goldtönen gehen hier eine Verbindung ein, unterwegs locken so manche Strände, und wer Glück hat, kann auch Meeresschildkröten entdecken. Mitunter dreht sich auch alles um Seefahrt und Schiffsbau: Die alte Hafenstadt Sur besitzt eine lange und ereignisreiche Geschichte als Handelszentrum.
Am schönsten nähern Sie sich der weißen Stadt, die an einer langen, weit geschwungenen Bucht liegt, wenn Sie von Süden und auf der Nationalstraße 21 anreisen. Machen Sie einen Stopp auf der Anhöhe, bevor Sur erreicht ist, um die Schönheit und Harmonie der Stadt zu spüren. Nahezu alle Häuser wurden weiß getüncht, auch der Baustil ist verblüffend einheitlich, aber das kennt man vom Oman ja bereits. Nach ein paar Tagen in diesem spannenden Ort geht es weiter auf der gut ausgebauten, vierspurigen Panoramastraße, die unmittelbar entlang der Küste gen Norden verläuft. Chinesische Bautrupps leisteten ganze Arbeit und schufen nach fünfjähriger Bauzeit aus einer staubigen Schotterpiste die neue Nationalstraße 17. Nach kurzer Zeit ist das etwa 15 Kilometer entfernte Qalhat erreicht, ein beschauliches Fischerdorf, das einst gewisse Bedeutung als Hafen- und Handelzentrum genoss.

## Zwischen Wüste und Meer

Es geht weiter auf der Panoramastraße Richtung Hauptstadt. Nach 20 Kilometern erreichen Sie die Kleinstadt Tiwi, Ausgangspunkt für eine Erkundung des fantastisch schönen Wadi Tiwi, eines überaus fruchtbaren Tals, das geprägt ist von hoch aufragenden Palmen und glitzernden, klaren Wasserbecken in felsigem Gestein. Sehen Sie die vielen Falaj-Kanäle entlang der engen Felsschluchten? Man muss schon zweimal hinschauen, um die Wasser führenden Kanäle zu erkennen, die sich farblich kaum von der Umgebung abheben.
Parallel zueinander verlaufen in Nord-Süd-Richtung zig Meter hohe Dünen – Sand, so weit das Auge reicht. Ein Land und zwei Wüsten: Neben der Rub al Kahli, der Großen Sandwüste, liegt im Osten des Omans die Ramlat al Wahiba, im Ausland und unter Abenteurern bekannt auch unter der Bezeichnung Wahiba Sands. Ein einzigartiges Erlebnis ist es, ihre gewaltigen Sandberge mit eigenen Augen zu sehen, barfuß die Sandkörner zwischen den Zehen zu spüren. Von Al-Ruways, einer kleinen Ortschaft, bis an die Küste des Indischen Ozeans reichen die riesigen, von Wind und Stürmen im Laufe der Zeit aufgetürmten Formationen. Sie erreichen die Wahiba Sands, wenn Sie von Sur aus entweder über die Landspitze Ras Al Hadd oder über Al Kamil nach Süden fahren. Eine Besonderheit: Die in der Nähe zum Meer liegende Wüste wird konstant mit Feuchtigkeit und morgendlichem Tau versorgt, sodass nicht nur einige Sträucher und Bäume gedeihen können, sondern sogar Füchse und Wölfe hier beheimatet sind. Am besten, Sie vertrauen sich dem Abenteuer einer Wüstentour mit einem erfahrenen Guide an. Es ist davon abzuraten, allein im Geländewagen unterwegs zu sein, da die Pisten schwer zu befahren sind und man auch nach kurzer Zeit die Orientierung verloren hat.

Die frisch geschlüpfte Meeresschildkröte musste kräftig buddeln, um aus dem Nest zu gelangen. Nun hat sie noch einen anstrengenden, aber auch gefährlichen Weg zum Wasser vor sich.

### SCHILDKRÖTEN VON RAS AL JINZ

Südlich von Ras Al Had gelangen Sie über eine neun Kilometer lange Küstenstraße an den schönen Strand von Ras Al Jinz. Hier erwartet Sie das ganze Jahr über ein ganz besonderes Highlight am 30 Kilometer langen und unter Naturschutz gestellten Strand: Seit Jahrhunderten suchen Meeresschildkröten diese Gegend des Nachts zur Eiablage auf. Besonders viele der Tiere kommen in den Sommermonaten zwischen Mai und September. In Begleitung erfahrener Guides laufen Besucher in einer kleinen Gruppe nach Sonnenuntergang an den Strand. Dann heißt es warten. Plötzlich kommen sie aus dem Meer! Behende kriechen die großen Schildkröten an Land und beginnen auch gleich damit, tiefe Mulden im Sand zu graben. Dort legen sie Dutzende von Eiern ab, anschließend schützt eine Schicht Sand das Gelege vor Nisträubern.

### WEITERE INFORMATIONEN

**Resort Sur Beach Hotel**, Sur, www.hotelsone.com/sur-hotels-om/resort-sur-beach-holiday.de

Schon zu Sindbads Zeiten hatten die omanischen Navigatoren einen internationalen Ruf. Das Meer ist reichhaltig wie eh und je.

# 25 Sur

## Von Fischen und Traditionen

**Kaum ein Ort im Oman macht den Pendelschlag zwischen Vergangenheit und Zukunft der jüngeren Landesgeschichte deutlicher als Sur ganz im Osten des Sultanats. Heute stellt sich die Hafenstadt leider eher unattraktiv dar. Und doch ist der Besuch des Fischmarkts am Strand ein einmaliges Erlebnis.**

Entlang der Küste, parallel zum Strand, wurden in den letzten Jahren viele Ferienhäuser aus dem Boden gestampft. Sie sind hübsch im Sinne der omanischen Architektur, mit weißen Mauern, kleinen Türmen und behaglich wirkenden Fenstern – aber das Ensemble der einst bedeutenden Hafenstadt hat dadurch sein Gesicht eingebüßt.

### Ruhm von einst, Geschäfte von heute

Ursprünglich, etwa ab dem 16. Jahrhundert, als die anderen, nördlicheren Häfen im Oman die kriegerische Aufmerksamkeit der Portugiesen auf sich zogen, müssen hier der Seehandel und das Leben pulsiert haben. Vor allem der Handel mit Sklaven aus Ostafrika war in jener Zeit besonders einträglich. In der heute immer stärker versandenden Bucht von Sur sollen damals die größten Schiffe der Zeit, jeweils mit bis zu 400 Mann Besatzung, vor Anker gelegen haben.

Im Jahr 1865 endete aber dann die große Zeit der Hafenstadt. Zuerst machte sich das britische Verbot des Sklavenhandels bemerkbar, danach machten die strenggläubigen Wahabiten aus Saudi-Arabien Sur zum Schauplatz von einer Art Missionskrieg, und schließlich zerstörte ein dramatischer Sturm die gesamte Afrika-Flotte bei ihrer Rückfahrt aus Sansibar. Das Rückgrat von Sur war gebrochen.

Von alledem ist heute nichts mehr zu spüren, zu sehen und zu erleben gibt es aber dennoch genug. Zum Beispiel – etwas für Frühaufsteher – das beeindruckende Bild des Fischhandels am Strand. An erfolgreichen Tagen bedeckt der reichhaltige Fang bei Sonnenaufgang die gesamte Fläche des Strands. Es wird rege gehandelt und gekauft.

Die Tradition des Schiffsbaus hat sich bis heute erhalten – auf der Werft in Sur.

# 26 Sur und Qalhat

## Schiffsbau und Ruinenstadt

**Im Sultanat Oman ist man stolz auf seine Seefahrergeschichte, und das mit gutem Grund. Denn die Vorfahren des Sultans waren immer schon große Navigatoren und Schiffsbauer. Unweit von dem Strand der Fischer in Sur liegt die Werft, in der man die traditionellen Schiffe in verschiedenen Baustadien beobachten kann.**

Die Werft ist nicht weit vom Schauplatz des morgendlichen Fischmarkts entfernt. Daus heißen die elegant geschwungenen Boote, und wenn man entlang dieser kleinen geschlossenen Bucht flaniert, kann man die einzelnen Stadien ihrer Entstehung beobachten. Die Anfertigung der Boote ist ein multikulturelles Unternehmen: Das Teakholz stammt aus Burma, die handgefertigten Nägel aus Indien, und die Arbeiter kommen unter anderem aus Afrika. Hier wurde auch die »Sohar« gebaut, jenes Boot, mit dem der irische Skipper Tim Severin 1980 den alten Seeweg nach China suchte.

### Fabrik von heute, Hafenstadt von einst

Aber erst hinter dem nördlichen Ende von Sur stehen sich Vergangenheit und Zukunft wahrhaftig und deutlich gegenüber. Etwas mehr als einen Steinwurf voneinander entfernt liegen in der Ebene die weitläufige, moderne Erdgasverflüssigungsanlage des Sultanats Oman – und auf dem Hochplateau erkennt man die Ruinen der alten Stadt Qalhat.

Hier liegen die kargen Überreste einer Stadt, von der Marco Polo einst berichtete, dass sie »uneinnehmbar« sei. Darin sollte sich der italienische Seefahrer allerdings getäuscht haben. Denn als Alfonso de Albuquerque im Jahr 1708 mit seinen Männern über Qalhat herfiel, hatte er offenbar wenig Mühe, die zuvor schon von einem schweren Erdbeben gezeichnete Stadt in Schutt und Asche zu verwandeln.

Von der ehemals blühenden Hafenmetropole steht als sichtbarstes Zeichen heute nur mehr die Ruine der Bibi-Mariyam-Moschee. Den Rest muss man sich anhand der wenigen Mauerreste selbst ausmalen. Eine omanische Geschichte: Vergangenheit, als sei sie gerade erst passiert.

# 27 Das Wadi Tiwi

## Zwischen Felsen blüht das Land

**Im Wadi Tiwi unterwegs zu sein, ist ein echtes Abenteuer: für die Augen, weil sie zwischen sattem Grün und kargem Wüstenfels pendeln müssen, und für den Gleichgewichtssinn, weil es immer wieder mal steil nach oben und unten geht. Aber es lohnt, sich darauf einzulassen. Und es lohnt sich auch, auf die Tipps der Autovermieter zu hören.**

Oasenstimmung: Das Leben blüht fruchtbar zwischen den Felsen (unten). An den Wasserläufen treffen Menschen und Natur zusammen. Fast senkrecht verlaufen die Wände der Wadi-Schlucht (rechts oben).

Inzwischen könne man mit dem Auto »ein ganzes Stück weit« in das Wadi Tiwi hineinfahren, hatte man uns gesagt, aber »an manchen Stellen wird es ein bisschen eng«. »Ein ganzes Stück weit«, »ein bisschen eng«, was soll's. Schließlich: Wenn man schon mal die Entscheidung getroffen hat, auf eigene Faust mit dem Mietwagen ein Land wie den Oman zu erkunden, sollte man nicht zimperlich oder zickig sein, wenn es dann wirklich losgeht. Allerdings lohnt es sich, vor jeder Fahrt die Karten genau zu studieren und sich zu informieren, damit man weiß, auf welchem Terrain man unterwegs ist. Hat man dann noch genug Wasser, kann es losgehen!

### Meter für Meter ins Abenteuer

Etwa 20 Kilometer nach Qalhat stoßen wir auf die Mündung des Tals, das eben Tiwi heißt. Als grüne und fruchtbare Explosion präsentiert es sich am Anfang. Die Schnittstelle zwischen den karstigen Klippen und dem fruchtbaren Boden ist messerscharf – gerade noch plätscherndes Wasser, Leben und Wachstum im Überfluss, gleich danach abweisend wirkende Berge mit Schotterflächen obenauf. Immer wieder bildet der Bach kleine Tümpel, und wenn die Waschpulverschachteln nicht wären, die vom Alltag in den Dörfern hier erzählen, würde das Wasser auch zum Trinken animieren. Die Straße folgt dem Wasserlauf und windet

sich zwischen Dattel-, Limonen- und Mangogärten in einer schmalen Bahn durch die kleinen Dörfer. Das Bild prägen vor allem verschachtelte Häuser, und das sprießende Leben um diese Dörfer herum prägt offensichtlich auch deren Bewohner. Neugierig und lebhaft winken uns Kinder zu, immer wieder kommen uns Pick-ups entgegen, die auf ihrer Ladefläche ganze Schulklassen transportieren. Ein wirklich erstaunlicher Schulweg, und je länger wir die Straße verfolgen, desto größer werden unsere Zweifel. Was hat man eigentlich unter »ein Stück weit« zu verstehen, und was genau bedeutet »ein bisschen eng«?

## Beschreibungen sind relativ

Die Neugierde treibt uns weiter. Sehr bald führt die Straße in immer dramatischeren Schleifen auf schwindelerregende Höhen. Irgendwann ist die Distanz zum grünen, fruchtbaren Band im Tal so groß, dass das Verhältnis zwischen Fels und Blüte eine deutliche Schlagseite erhält. »Ein bisschen eng« – das hallt inzwischen nach wie ein schlechter Witz. Wenden ist völlig unmöglich, also bleibt keine Wahl als weiterzufahren, bis wir schließlich einen hochgelegenen, kargen Punkt im Gebirge erreicht haben. Erstaunlich: Selbst hier, wo nur steile unwirtliche Pfade in die darunterliegenden Dörfer führen, sind die Pick-ups mit ihren Schülerladungen unterwegs.
Irgendjemand hat um einen großen Felsbrocken herum Holzbalken platziert, ähnlich wie es Beduinen in der Wüste tun. Ob hier wirklich jemand wohnt? Ein Einsiedler, Eigenbrötler oder Sonderling? Das sind freilich unnütze Spekulationen. Wer am Rand einer Oase lebt, lebt auch am Rand einer Wüste.
Ein paar Fotos später machen wir uns wieder auf den Rückweg. Langsam, noch langsamer als auf der Bergfahrt. »Ein ganzes Stück« weiter unten blüht das Land wieder zwischen den Felsen, und das Tal öffnet sich zum Meer hin. Ganz in der Nähe befindet sich die Mündung in das nächste Wadi, das Shaab heißt. »Mit dem Auto kommt man da nicht hinein«, hatte man uns gesagt, und trotz aller bemerkenswerter Eindrücke, die wir von der Fahrt ins Wadi Tiwi mitgenommen haben, klingt der autofreie Charakter des Shab für uns wie ein unzweifelhafter Pluspunkt. »Nächstes Mal gehen wir zu Fuß«, beschließen wir.



## AUTO MIETEN – UND PUTZEN!

Der Oman ist grundsätzlich ein unkompliziertes Land, auch wenn man einen Wagen mieten will. Es herrscht Rechtsverkehr, und die Beschilderung an den regulären Straßen ist glücklicherweise zweisprachig gehalten. Für Ausflüge in die Wüste, in Wadis oder in die Berge sollte man sich aber auf jeden Fall mit einer aktuellen Karte ausrüsten oder ein gutes Navigationsgerät mieten. Außerdem ist Erfahrung im Umgang mit Geländewagen auf schwierigem Terrain äußerst nützlich. Es gilt vorne und hinten Gurtpflicht, die auch durchaus kontrolliert wird. Frauen und Männer sind als Fahrer selbstverständlich gleichberechtigt, die Höchstgeschwindigkeit ist 120 km/h, in Ortschaften und in den Wadis 40 km/h. Die Modernisierung des Oman schlägt sich übrigens nicht nur in den Straßen nieder, sondern auch in der Radarausrüstung der Straßenpolizei. Daneben gibt es noch eine Besonderheit in der Straßenverkehrsordnung: Autos haben sauber zu sein. Wenn man also von einem Ausflug durch Bäche oder gar Schlamm zurückkommt, sollte man den Wagen reinigen, sonst droht ein Bußgeld.

## WEITERE INFORMATIONEN

Info@omantourism.de,
www.omantourism.gov.om

Beduinen leben nach eigenen Regeln: Wo sie ihre Zelte aufschlagen, bieten sie auch immer ihre Gastfreundschaft an. Und sie sind erstklassige Fremdenführer und Offroadfahrer.

# 28 Wahiba Sands

## Besuch bei Beduinen

**Wer in die Wüste will, braucht Geduld und flache Reifen. Und natürlich einen Geländewagen, denn obwohl das Straßennetz im ganzen Land gut ausgebaut ist, kommt man an unbearbeiteten Schotterstraßen kaum vorbei. Man hat also ein ordentliches Abenteuer vor sich, wenn man sich auf den Weg zu den Beduinen macht, die in den Wahiba Sands leben.**

Mohammed Ibn Said Sultan Al-Bedri ist ein würdevoller junger Mann mit allem, was einen Beduinen ausmacht: einer weißen Dischdascha, einem Gürtel für den Kandjar, einem Krummdolch, einer Ammama (Turban) auf dem Kopf und einem dünnen, am oberen Ende mit Eisen beschlagenen Stab, der gleichzeitig Gerte, Spazierstock und Zeichenstift (mit dem auf dem Sand gemalt wird) ist. In Al Wasil, einem Dorf am Rand der Wüste, steigt er in unser Auto und gibt mit seinem Stab von hinten die Richtung an.

Gelb schimmert der Sand der Wahiba-Wüste am Nachmittag. Rund 15 000 Quadratkilometer misst diese Wüste, die im Osten bis an den Indischen Ozean reicht. Im Gegensatz zu den größeren Geschwistern wie Sahara oder Rub al-Kali ist die Wahiba kleiner und überschaubarer – mit ein Grund, warum sie von Forschern als wissenschaftliche Spielwiese genutzt wird. Quarz, Kalziumkarbonat und Ophiolith sind die Bestandteile, aus denen sich der Sand der Wüste zusammensetzt. Im Jahr 1986 nahmen 35 Wissenschaftler von sieben britischen Universitäten die Wüste für ein interdisziplinäres Forschungsunternehmen unter die Lupe. Pflanzenarten wurden gezählt, Tiere identifiziert und Dünenformen untersucht. Am Ende konnten rund 200 Tier-, 130 Pflanzen- und etwa 20 Dünenarten ausgemacht werden. Anhand der Beobachtungen über die Bewegung dieser Dünen erhofft man sich immer noch Aufschlüsse über die geologische Biografie der Wüste, und zwar nicht nur dieser.

So gesehen sind die Wahiba Sands so etwas wie die Modellwüste der Wissenschaft.

## Alles, was die Wüste hergibt

Aber vor allem ist die Wüste auch die Heimat von Beduinen wie Mohammed Ibn Said. »Stopp«, sagt er plötzlich und benutzt damit eines von den acht Wörtern, die er auf Englisch beherrscht. Dann zeigt er mit seinem Stab auf den einzigen Baum weit und breit und sagt: »Look!« Auf dem Baum befindet sich ein Falkenhorst, darüber zieht der Bewohner hungrig seine luftigen Kreise.

Etwas weiter südlich, aber noch immer am Rand der Wüste, wo die Flächen noch breiter und die Dünen kleiner sind, zeigt Mohammed mit seinem Stab auf eine umzäunte Anlage zu unserer Rechten. »Camel racing«, sagt er, also Kamelrennen. Oder meint er »Camel raising«, Kamelzucht? Einerlei. Tatsache ist, dass die Kamele dieser Wüste zu den schnellsten im arabischen Raum gehören. Entsprechend teuer werden sie gehandelt. Ein gut trainiertes Tier, das verspricht, bei Rennen gut abzuschneiden, bringt dem Besitzer wesentlich mehr als ein teurer Mittelklassewagen.

Wenige Kilometer später haben wir die erste größere Düne vor uns, und der Beduine gibt Anweisung, einfach draufloszufahren. Ja nicht langsam fahren oder gar bremsen, heißt die Devise, weil der Wagen sonst im Sand stecken bleibt. Kein selbstverständlich nachvollziehbares Unterfangen für ungeübte Offroadfahrer, noch weniger für einen, der nicht weiß oder sieht, wie es oben auf der Düne weitergeht. Aber irgendwie schafft es unser Fahrer. Ein paar haarige Manöver später erreichen wir den Lagerplatz der Familie unseres Beduinen. Elf jüngere Geschwister hat er noch, wie die Orgelpfeifen, jeweils mit einem Jahr Unterschied. Ein Kamel und sein Junges beherrschen die Szenerie – und der 42-jährige Vater die Familie. Außer den Kamelen wohnen alle zusammen im Schatten eines selbst gebauten offenen Zeltes.

## Sonderkonditionen für besonderes Leben

Im Gegensatz zu allen anderen omanischen Staatsbürgern müssen die Beduinen im Land keine Führerscheinprüfung ablegen. Man geht davon aus, dass sich die Beduinenkinder sowieso viel früher als es das Gesetz erlaubt hinters Steuer setzen, etwa um die Batterie für das abendliche Fernsehen aufzuladen. Und wenn sie dann alt genug wären, um den Führerschein zu machen, hofft man, dass sie inzwischen sowieso schon fahren können. Es gibt Kaffee, gewürzt mit Kardamom, und Datteln.

Das Leben in der Wüste wird immer mehr auch von Touristen gesucht (unten). Wahiba Sands: Herausforderung für Auto und Fahrer (rechts oben).

Als Madjilis, wie der typische Empfangsraum der Araber genannt wird, dient ein großer Teppich. Vater und Sohn unterhalten sich.
Das Familienlager ist umzäunt. Als Tor dienen zwei Metallständer mit einer Ecke am oberen Ende, so wie sie für Sicherheitszäune verwendet werden. Zwei gegenübergestellt, stelle ich fest, sehen aus wie die typischen arabischen Torbögen, die oben spitz zulaufen.
Immer wieder tauchen Kinder verschiedenen Alters mit bunten Kleidern auf. Neugierig, aber schüchtern sind sie und bleiben lieber auf Distanz. Wesentlich zutraulicher ist das Kamel, das immer wieder seinen Kopf in den Wohnbereich streckt.
»Go?«, fragt Mohammed, nachdem sich der Vater verabschiedet hat. Üblicherweise verlangen seine Gäste offenbar vor allem eine Spritztour durch die Dünen. Jeder Versuch, ihm zu erklären, dass wir nicht zum Fahren hergekommen sind, scheitert am verfügbaren Vokabular. Erst als Mohammed das Wort »Sunset – Sonnenuntergang« hört und die Kamera sieht, auf die wir zeigen, versteht er und wiederholt mit einem Nicken: »Sunset, yes.«

## Fahrkünste inklusive

Seit die Wahiba in einigen Offroad-Journalen erwähnt wurde, finden auch immer häufiger Wüstenfahrer ihren Weg hierher. Mitunter sieht man auf den steilsten Dünen Autospuren, einige Reiseanbieter haben sich sogar schon darauf spezialisiert, Abenteurerträume auf vier Rädern zu erfüllen. Selbst wenn die Beduinen davon profitieren, mitunter gegen Bezahlung auch romantische Übernachtungsmöglichkeiten anbieten und deshalb nur schwerlich etwas dagegen haben, ist das nicht das erstrebenswerteste Schicksal für diese Wüste.
Am höchsten Punkt der höchsten Düne bleiben wir stehen. Ein beeindruckender Ausblick. Vor uns liegt ein praktisch senkrecht abfallender sandiger Abhang, das Beduinenzelt sehen wir weit unten in einer Senke. In ein paar Monaten, wenn die Tiere das dürftige Gestrüpp abgefressen haben werden, wird Mohammed mit seiner Familie weiterziehen.
Aber wie geht es von hier aus mit unserem Fahrzeug weiter? Mohammed scheint diesbezüglich recht abenteuerliche Vorstellungen zu haben. Nachdem wir die Aussicht lange genug bewundert haben, winkt er in Richtung Abhang, grinst ein bisschen und sagt: »Down, yes.« Unvorstellbar. Der Hang ist so steil, dass man im Auto praktisch stehen würde, bei jedem versehentlichen Querlenken würde der Wagen sich zwangsläufig überschlagen. Mohammed erkennt den Stand der Fahrkünste unseres Chauffeurs und übernimmt freundlich das Steuer. Am Rande der Wüste, in Al Wasil, wo er mit Freunden verabredet ist, setzen wir ihn wieder ab und bedanken uns für die Tour. »Bi kulli suruur – gern geschehen«, sagt er darauf lächelnd.

## LUXUS MITTEN IN DER WÜSTE

Zugegeben, es entspricht nicht dem echten Abenteuer für harte Burschen, sich in einem Fünfsternehaus mitten in der Wüste einzumieten. Aber das Desert Nights Camp in den Wahiba Sands ist so speziell, dass man vielleicht doch 200 Euro investieren mag, um puren Luxus in völliger Abgeschiedenheit zu erleben. Das Wüstencamp liegt etwa elf Kilometer von Al Wasil in der Gegend von Bidiya und verfügt über klimatisierte Unterkünfte mit eigenem Badezimmer und Sitzecke im Innen- und Außenbereich. Sehenswert sind die Zelt-Lobby und das Restaurant. Das Desert Nights Camp hat sogar einen gänzlich unomanischen Pub, in dem man einen alkoholischen Sundowner bestellen kann. Alles in allem ein Wüstencamp für anspruchsvolle Oman-Reisende, die gehobene Hotels vorziehen, aber auf die Erfahrung einer Nacht in der Wüste nicht verzichten mögen. Ohne Geländefahrzeug hat man allerdings keine Chance, dort hinzukommen. Man kann sich aber in Al Wasil abholen lassen, wenn man die Fahrt durch die Wüste nicht allein bewältigen will.

## WEITERE INFORMATIONEN

**Desert Nights Camp**, Al Wasil,
sales@omanhotels.com,
www.omanhotels.com/desertnightscamp

# Der Süden

*Unterwegs im magischen Weihrauchland*

Salala: Im milden Klima suchen Hitzegeplagte Erholung.
Auch auf Märkten, beim Festival und in der Natur.

Ubar, Oman
Thumrait
30
Wadi Dawkah
Natural Park of
Frankincense Tree
Jabal-Samhan
Nature Reserve
Jibjat
Arkut
Sarkhar
Sudh
Taqa
Dhofar
29
Salala
31
32
Al Balid
Archeol. Site
Al Baleed Resort
Salalah by Anantara
34
Mirbat
Arabisches Meer
0
N
20 km

# Touren durch das Weihrauchland

**Wüstenfahrer auf den Spuren von Lawrence von Arabien bekommen leuchtende Augen: Zwischen der Hauptstadt Masqat und der Provinz Dhofar im Süden, einst berühmt als Weihrauchland, heute als Geheimtipp für traumhafte Strände am Indischen Ozean, liegen mehr als 1000 Kilometer und die Wüste Rub al-Khali. Ein Katzensprung mit dem Flugzeug!**

## Ein Hauch von Indien

Im tiefen Süden des Sultanats und an der Grenze zum Jemen dehnt sich an der Küste des Indischen Ozeans die Region Dhofar aus. Etwa 1000 Kilometer und anderthalb Flugstunden liegen zwischen ihrer Hauptstadt Salala und Masqat – ein Badeparadies, das international bislang nur wenigen bekannt ist, mit breiten, weißen Sandstränden, üppigen Palmenhainen und märchenhaften Wüsten, aber auch blühenden Oasen und eindrucksvollen Wadis. Jeweils während der Sommermonate verwandelt der Südwestmonsun die Region in ein tropisches Paradies. Eine Reise lohnt sich jedoch auch außerhalb dieser Zeit: In den Monaten November und April sind die klimatischen Bedingungen besonders gut, es ist weniger schwül und luftfeucht, und auch das Baden im Meer ist dann gefahrlos möglich.

Etwas Kultur gefällig? Wer nach Salala kommt, darf den Al Baleed Archeological Park nicht verpassen. Die Ausgrabungsstätte war einst eine der bedeutendsten Hafenorte des Oman während der Antike. In Zusammenarbeit mit der UNESCO forschten und gruben Archäologen hier und legten Teile der mittelalterlichen Stadt frei, über die einst schon Marco Polo und Ibn Battuta, der große arabische Seefahrer und Entdecker, berichteten.

## Die drei Weisen aus dem Morgenland

Dhofar ist Weihrauchland – das werden Sie bei einem Besuch im Wadi Dawkah, das etwa 40 Kilometer nördlich von Salala liegt, feststellen können. Das von der UNESCO geschützte Wadi thront an der legendären Weihrauchstraße, die bereits in der Bibel und im Koran erwähnt wurde. Und bereits im 10. Jahrhundert v. Chr. soll die Königin von Saba dem König Salomo nicht nur Gold und Edelsteine, sondern auch Weihrauch als Geschenk gemacht haben. Auf den ersten Blick sehen die berühmen Weihrauchbäume ziemlich unspektakulär aus: knorrige, sehr trockene Bäume, die sich kaum vom ockerbraunen Sandboden, auf dem sie wachsen, unterscheiden. Tausende von ihnen werden im Wadi Dawkah kultiviert, nach den gleichen Methoden wie vor über drei Jahrtausenden. Im sogenannten Frankincense Park in rund 800 Meter Höhe, geschützt von den Rückseiten der Bergketten, gedeihen die wertvollen Bäume.

## Paradiesische Strände

Weiter auf der Route gelangen Sie nach rund 25 Kilometern zur zweitgrößten Stadt des Dhofar, genannt Thumrait . Danach biegt nach 16 Kilometern in nordwestlicher Richtung eine Straße nach Shisr ab. Nach Meinung von Archäologen ist dieser Ort gleichbedeutend mit dem schon in der Bibel und im Koran erwähnten Ubar, einem Ort, der seit 2800 v. Chr. besiedelt war. Heute ist Shisr eine zwar bedeutende, für Besucher jedoch nicht sonderlich aufregende Ausgrabungsstätte.

Mirbat heißt der exklusive Rückzugsort am Indischen Ozean, der westlich von Salala liegt und in dem die touristische Entwicklung ehrgeizigen Zielen folgt. Badefreuden und karibisch anmutende Strände erwarten Sie allerdings auch in Salala. Schlanke, sich im Wind wiegende Kokospalmen säumen die Straßen der lebhaften Hafenstadt. Und in exquisiten Luxushotels wie dem traumhaft schönen Al Baleed Resort Salalah by Anantara genießt man einen Hauch arabisches Malediven-Feeling.

Schon in der Antike lockte der Weihrauch Kunden in die Region Dhofar – heute kann er auf Märkten und in kleinen Läden besorgt werden.

### WEIHRAUCH KAUFEN

Er gilt als weltbester Weihrauch und ist ein tolles, darüber hinaus recht günstiges Mitbringsel: Auf dem Suq von Salala ist die Auswahl an den bernsteinfarbenen Kristallen besonders groß. Einst wurde Weihrauch mit Gold aufgewogen, und noch heute ist das hart gewordenen Harz für die Omanis ein Luxus, auf den sie nicht verzichten wollen. Lassen Sie sich ausführlich beraten – nichts machen die omanischen Händler lieber und gekonnter – und erstehen Sie anschließend auch noch einen der typischen, aus Ton getöpferten Verbrenner dazu! Zusammen mit kleinen Stückchen von Kohle kokelt der Weihrauch dann vor sich hin und parfümiert die ganze Umgebung. Mmmh! Das riecht ja fast wie Weihnachten! Übrigens: Auch die wohlriechende Myrrhe verkaufen Ihnen die Händler gern – und lassen Sie gleich einmal schnuppern.

### WEITERE INFORMATIONEN

**Salalah Rotana Resort**, Hawana Salalah Taqah Road, Tel. 968 23 27 57 00, www.rotana.com/rotanahotelandresorts/oman/salala

Gute Laune und Freizeitgrillen im milden Süden (oben). Jedes Jahr im Sommer beginnt Dhofar zu blühen, und die Einheimischen genießen das feuchte, angenehm warme Klima so oft wie möglich im Freien (rechts).

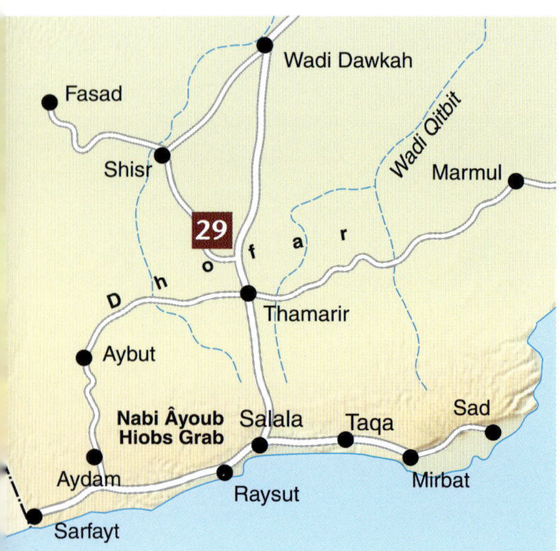


# 29 Dhofar

## Die Sehnsucht nach Regen

**Sehnsüchte sind im Grunde eine einfache Sache. Sie entstehen dort, wo sich das, was einen direkt umgibt, von dem unterscheidet, was weiter weg liegt. In diesem Sinne ist es nicht verwunderlich, dass in tropischen Gebieten Klimaanlagen und in kalten Gegenden Heizungen begehrt sind. Und genauso wenig überrascht es, dass man in arabischen Ländern eine Sehnsucht nach Regen entwickelt.**

Der Flug von Masqat nach Salala dauert nicht lange und ist normalerweise unkompliziert und günstig zu buchen. Allerdings: Im Juli oder August muss man Glück haben, um einen Platz zu ergattern, vor allem am Wochenende. Denn in dieser Zeit ist Salala das Freizeitziel schlechthin für Omaner. Entsprechend gut ist die Stimmung im Flieger. Die Freude auf die freien Tage und das alternative Klima ist spürbar. Immer wieder hört man Lachen, was allerdings auch mit dem Programm zu tun hat, das man auf den Monitoren in den Rückenlehnen sehen kann. Die meistgesehene Sendung ist eine TV-Komödie um zwei ungleiche Brüder: der eine ein traditionell arabisch lebender, schnauzbärtiger Omaner, der andere ein vom Westen sichtbar geprägter Surfertyp, der die Traditionen seines Bruders als überholt erachtet. Die Folgen haben meist denselben Aufbau: Am Anfang leuchtet der westlich geprägte Bruder mit Ideen oder Attitüden, die modern und Erfolg versprechend klingen, am Ende überzeugt immer der tendenziell klügere Bruder mit seinen omanischen Traditionen. Auch hier geht es offenbar um Sehnsüchte und um die Art, damit umzugehen. Eine spannende Beobachtung, die viel mit dem Oman und seiner aktuellen Entwicklung zu tun hat.

### Nieselregen auf der Haut

Gleich bei der Ankunft am Flughafen von Salala spürt man den Grund für die Beliebtheit dieser

Gegend im Sommer. Das Klima in der Dhofar-Region ist europäisch sommerlich: nur rund 28 Grad, was am Südwestmonsum, dem sogenannten Khareef, liegt. Während der Hochsommermonate lässt er die Niederschlagsmenge um das Dreifache ansteigen und reduziert die Sonnenstunden auf ein Viertel des Jahreswertes. Das klingt zwar zunächst nicht sehr erstrebenswert, doch tatsächlich ist es ein überaus angenehmer Unterschied zu den rund 50 Grad in der Hauptstadt. Da wundert es nicht, dass Salala einmal die Hauptstadt des Oman war und dass der Sultan sich hier einen prächtigen Palast bauen ließ, in dem er – vor allem eben im Sommer – immer wieder gerne Zeit verbringt.

Auch an diesem Tag fällt leichter Nieselregen, und die Gäste, die das Flugzeug verlassen, atmen auf. Tatsächlich fühlt sich dieser feuchte Nebel angenehm an. Man wird nicht wirklich nass, doch man spürt das Wasser auf der Haut. Die Luftfeuchtigkeit liegt gerade bei rund 85 Prozent.

Freizeitgestaltung und Erholung im Nebel (oben). Das Hilton Salala (unten). Picknicken in der Monsunzeit ist ein Vergnügen für die ganze (Groß-)Familie (rechts oben).

## Von der Krisenstadt zum Lieblingsort

Auf dem Weg ins Hotel fahren wir am Palast des Sultans vorbei. An derselben Stelle stand früher der alte Palast, in dem Qabus' Vater bis zu seiner Entmachtung im Juli 1970 lebte. Damals befand sich das Land und vor allem die Provinz Dhofar in einer prekären Situation: Zweieinhalb Jahre zuvor hatten die Revolutionäre im benachbarten Jemen die Königsfamilie vertrieben und sodann die sowjetisch orientierte demokratische Volksrepublik ausgerufen. Viele Omaner, die zu jener Zeit illegal auf saudischen Ölfeldern arbeiteten oder im isolierten, rückständigen Oman lebten, beschlossen, es den jemenitischen Kämpfern gleichzutun. Anfang 1970 hatten die Kämpfer der omanischen Befreiungsfront das Bergland und weite Teile der Küste unter ihrer Kontrolle, ein Sturm auf den Palast war nur mehr eine Frage der Zeit. Es herrschte akuter Handlungsbedarf, und Qabus und seine liberalen Berater fällten eine Entscheidung. Am 23. Juli 1970 begannen sie eine Palastrevolte, zwangen den Vater abzudanken und schickten ihn ins Exil nach England, wo er zwei Jahre später starb. Nur knapp waren sie damit den weit blutigeren Plänen der Befreiungsfront zuvorgekommen. Nun galt es, den Revolutionären den Machtwechsel schmackhaft zu machen. Qabus, der selbst in Salala aufgewachsen war, hatte recht gute Karten. Er versprach, alles zu tun, um das Land zu öffnen und zu entwickeln. Er bot den Kämpfern der Befreiungsfront gar eine sofortige Amnestie an, sofern sie ihre Waffen niederlegen. Noch

im August desselben Jahres wechselten rund 200 Kämpfer die Seite, und Sultan Qabus konnte mit dem Aufbau seines Landes beginnen. Heute ist Salala eine blühende Touristendestination. Ein bisschen hat man den Eindruck, dass man sich hier auf jüngere Reisende einstellt. So hat sich im sehr eleganten Hilton Salala inzwischen eine Stimmung etabliert, die etwas an die großen Hotels am Roten Meer erinnert. Es gibt Beachbars, Nightbars, das Publikum bilden junge Schweden, Deutsche und Holländer, die allerdings überwiegend die Tage in ihren Hotels oder in einem der Tauchcenter verbringen. Für die arabischen Besucher freilich geht es hier um etwas anderes. Ob Omaner, Saudi-Araber oder Emirati – sie alle kommen nach Salala, um das Monsunklima auf der Haut zu spüren. Während deshalb die ausländischen Touristen am Pool liegen und vielleicht sogar etwas frösteln, packen die anderen ihre Familie ins Auto und machen sich auf den Weg in die Berge, die gleich hinter Salala beginnen.

## Mitten im Nebel Erholung

Bevor die Straße sich auf die Qara-Berge schlängelt, fährt man im Stadtteil Ittin an zahlreichen Verkaufsständen und improvisierten Bistros vorbei. Hier kann man sich Kamelfleisch zubereiten lassen und Früchte der Gegend oder bunte Regenschirme kaufen. Dann geht es bergauf, und je höher man kommt, desto dichter wird der Nebel. Bald sieht man am Straßenrand Autos stehen. Dahinter sitzen in einem fast impressionistischen Nebel ganze Familien auf Klappstühlen auf Teppichen und picknicken. Man hört Musik, Klatschen und das Lachen der Kinder, wenn ihre Väter im Nieselregen einen Tanz hinlegen.

Ab und zu tauchen zwischen den Nebelschwaden aber auch meditierende oder einfach zufrieden sitzende Männer auf, die so aussehen, als würden sie die Aussicht genießen. Die gibt es auch, nur sieht man sie nicht immer, und sie hat viele verschiedene Gesichter. Zum Beispiel im Wadi Darbat: Außerhalb der Monsunzeit präsentiert sich die Landschaft hier als wildromantisches, zerklüftetes Gelände und Paradies für Ornithologen. Während der Monsunzeit erlebt das Wadi Darbat wie die gesamte Umgebung eine grüne, blühende Explosion. Es entstehen Wasserfälle, Teiche und kleine Süßwasserseen, die fast magische Landschaften malen. Dieses Wadi speist auch die größte Lagune der Dhofar-Region, nämlich das Khawr Rori – eine Landschaft, wie man sie in einem arabischen Land nicht erwarten würde: Wasser, grüne Wiesen und imposante Baumalleen prägen diesen Ort, und man fühlt sich plötzlich in einer völlig anderen Welt. Es lohnt sich, hier etwas Zeit zu verbringen und die Zufriedenheit der Ausflügler zu teilen. Das, was man in ihren Gesichtern lesen kann, ist unzweifelhaft und bezaubernd: Es ist die gestillte Sehnsucht nach einem Klima, das alles andere als selbstverständlich ist.

## WASSERPARADIES

Nördlich von Salala findet man ein Ausflugsziel, das die Pracht und das Wunder der Natur im Wandel hervorragend darstellen kann. Ain Jarziz ist ein Ort der Quellen. Einer von vielen, die es in der Gegend von Salala gibt, aber es ist einer, der ganz nebenher auch gut darstellen kann, wie groß die Sehnsucht nach Regen und die Faszination der Effekte dieser Regenzeit sind. Eine ganze Aussichtsplattform und ein kleiner Park mit vielen Sitzgelegenheiten wurden hier an den porösen Felsen gebaut, aus dem sich in der Monsunzeit das Wasser ergießt. Erst speichert der Boden über diesem Felsen das Wasser, das der Monsun bringt, dann, ab Ende Juli, tritt der gefilterte Regen aus dem Felsen in kleinen und größeren Wasserfällen hervor und füllt das darunterliegende Becken. Praktisch überall, wo Salala und die Region Dhofar als Ausflugsziel beworben werden, sieht man auch Fotos dieses Naturspektakels. Doch auch außerhalb der Monsunzeit lohnt sich ein Abstecher hierher. Einfach, um den jeweiligen Unterschied zu sehen.

## WEITERE INFORMATIONEN

Info@omantourism.de,
www.omantourism.gov.om

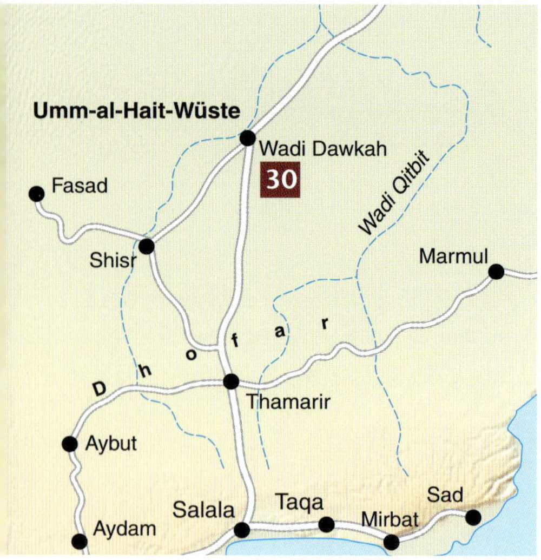


# 30 Wadi Dawkah

## Das Geheimnis des Weihrauchs

**Schon seit Jahrtausenden wird die Kraft des Weihrauchs geschätzt und verehrt. Räume und Kleidungsstücke werden damit parfümiert, und seit jeher schreibt man den duftenden Schwaden heilende Wirkung zu. Kein Wunder, dass Weihrauch in vielen Kulturen auch kultisch verwendet wird. Im arabischen Raum gehört Weihrauch aber auch einfach zum Alltag und zur Tradition dazu.**

Weihrauchmärkte gehören zu den wichtigsten Handelsplätzen (unten). Der Weihrauchbaum wird von Generation zu Generation vererbt (rechts oben). Die Weihrauchbäume des Wadi Dawkah und die Stätten des Weihrauchhandels in Dhofar gehören zum UNESCO-Welterbe.

Karg, fast mickrig sehen die Weihrauchbäume im Wadi Dawkah aus, und doch zeigt schon der lateinische Name *Bosvellia sacra*, dass den Baum schon immer eine heilige Aura umgibt. Der Weihrauchbaum wächst und gedeiht vor allem in Trockengebieten mit kargen und felsigen Böden unterhalb von 1200 Metern. Die Bäume werden knapp zehn Meter hoch, haben eine ausladende Krone und können schon lange, bevor sie ihre maximale Größe erreichen, beerntet werden. Das Erstaunliche an diesem eigenwilligen Baum ist, dass es bis heute noch nicht gelungen ist, ihn außerhalb seines natürlichen Umfelds anzubauen, weshalb der Dhofar-Gegend, wo der Weihrauchbaum besonders gut wächst, schon immer eine ganz besondere Bedeutung zukam. Da der Transportweg auf der sogenannten Weihrauchstraße aber ein mühsamer war, wurde das Harz des Baumes oft mit Gold aufgewogen. Als die Wege in der Antike noch auf das Meer oder Kamelkarawanen beschränkt waren, führte die wichtigste dieser Handelsrouten von Dhofar durch das heutige Saudi-Arabien. Von dort aus gelangte der Weihrauch nach Gaza oder Alexandria, von wo aus die wertvolle Ware zu den bedeutendsten Häfen der Welt verschifft wurde.

## Stolzes Familienvermögen

Die heute in Dhofar wachsenden Weihrauchbäume sind allesamt in Privatbesitz, schon seit vielen Jahrhunderten. Denn sie werden innerhalb eines Stammes von Generation zu Generation weitervererbt und gehütet wie eine Goldmine. Im Frühling beginnt üblicherweise die Ernte, für die auch Beduinen verpflichtet werden, die in dieser Zeit ununterbrochen bei ihren zugeteilten Bäumen bleiben.

## Das Ernteprinzip

Das Harz, das beim ersten Schnitt aus dem Baum oder den Ästen tritt, gilt als weniger wertvoll und wurde früher sogar überhaupt nicht verwendet. Heute wird es zwar nicht weggeworfen, aber zu einem günstigeren Preis angeboten.

Etwa drei Wochen später werden neue Kerben in den Baum geschlagen, um die zweite Harzgeneration aus dem Baum »bluten« zu lassen. Diese lässt man weitere Wochen am Baum trocknen, um sie dann abzuschlagen. Die Qualität dieses Harzes ist schon um einiges besser als die der ersten Kerbung. Doch erst wenn ein paar Wochen später der dritte Schnitt gemacht wird, tritt jenes Harz aus dem Baum, das die besten, reichhaltigsten und wertvollsten Inhaltsstoffe hat. Es ist zuerst fast weiß und bekommt am Ende seiner Trocknungsphase dann jene bernsteinfarbig-beige Tönung, die man aus den Weihrauchbeuteln auf den Suqs kennt. Für die Qualitätskontrolle gilt: Je heller und klarer das Harz ist, desto wertvoller und purer ist es.

Natürlich hat das Harz des Baumes eigentlich eine wichtige Funktion, auf die der Baum selbst nicht andauernd verzichten kann. Deshalb wird mit den Bäumen auch behutsam umgegangen. Drei Jahre in Folge wird er abgeerntet, dann bekommt er eine mehrjährige Erholungsphase verschrieben, in der er seine Wunden schließen und sich selbst regenerieren kann.

## Parfüm und Mückenmittel

Ab Oktober jedes Jahres landen die Weihrauchernten auf den Märkten. Drei bis zehn Kilo wirft jeder Baum im Durchschnitt ab. Hochgerechnet auf die gesamte Region um Salala sind das rund 7000 Kilo im Jahr. Verwendet wird das wertvolle Material in den arabischen Ländern für vieles. Zum Beispiel und nicht zuletzt, um die prächtigen Dischdaschas über Nacht zu parfümieren. Dafür gibt es sogar eigene Kleiderständer, unter die dann kleine Weihrauchbrenner gestellt werden, die das Gewand und ganz nebenher das Haus in einen wohligen Duft hüllen. Und nicht zuletzt hat der Weihrauch einen Nebeneffekt: Er vertreibt lästige Insekten, die den Duft weit weniger zu schätzen wissen als die Menschen, die hier leben.

## GESCHICHTE DES WEIHRAUCHS

Wer sich die Reise in das Wadi Dawkah an den Ausläufern des Dhofar-Gebirges ersparen will, wo der Weihrauchpark steht und die UNESCO die schützende Hand über das Weltnaturerbe hält, kann auch in klimatisierten Räumen und anschaulichen Erklärungen etwas über die Tradition und Geschichte des Weihrauchbaumes erfahren, und zwar im Weihrauchmuseum am Eingang des Ausgrabungsgeländes Al Baleed. Hier lernt man dann auch nicht nur etwas über den Weihrauchbaum (und kann sich den im Innenhof genau ansehen), sondern man kann auch zwischen den ansehnlichen Modellen der Boote wandeln, die das wertvolle Gut über die Weltmeere transportiert haben.

## WEITERE INFORMATIONEN

**Weihrauchmuseum Al Baleed,** Sultan Qabus Street. Öffnungszeiten: Sa–Mi 8–14 und 16–20 Uhr, Do und Fr 16–20 Uhr. Eintritt: 2 OR

Impressionen des Sommerfestivals. Bei milden Temperaturen wird gefeiert und geshoppt. Auch Shows mit aufwendigen Kostümen und Masken gehören zum Festival.

# 31 Salala

## Festival und Suq

**Jedes Jahr im Sommer wird in Salala gesungen, getanzt und gefeiert, und schon lange bevor das Khareef-Festival die Monsunsaison einleitet, wird es im Fernsehen entsprechend beworben und besungen. Das Festival ist eine Mischung aus Freiluftmesse, Jahrmarkt und Folklore-Event, aber es erzählt darüber hinaus auch einiges von den Menschen, die im arabischen Raum leben.**

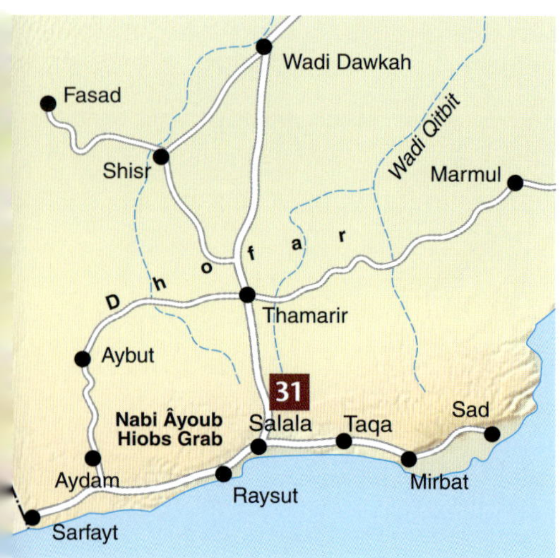


Von Weitem schon sind ab Juni die Zelte des Khareef-Festivals zu sehen, und es gibt für Wochen keine Zeit des Tages, an dem hier nicht etwas los ist. Von morgens bis spätnachts läuft das Programm, das Menschen aus dem gesamten arabischen Raum anzieht. Man flaniert zwischen Informationszelten, kleinen und größeren Bühnen, auf denen getanzt und gesungen wird. Das Thema dieses Fests ist ein Mosaik all dessen, was die arabischen Länder verbindet: die Folklore zum Beispiel, die Religion und in vielen Ausdrucksformen die Tradition. Und so begegnet man auf dem Festival Gruppentänzen, wie man sie auch auf verschiedenen Festen übers Jahr erleben kann, Musik, wie man sie im Radio jederzeit hören kann, und Ausstellungen von Regionen, die auch gerne besucht sein wollen. Auf den ersten Blick erschließt sich dem Besucher deshalb nicht, warum gerade dieses Festival so beliebt ist. Denn was hier geboten wird, ist nichts, das man sonst nirgendwo finden könnte, sondern etwas, das während der Hochsommermonate für die gesamte Dhofar-Region gilt: die Freude an einem unbeschwerten und ausgelassenen Leben im Freien bei angenehmen Temperaturen.

### Freude am Wetter

Deshalb sind die Attraktionen im Grunde zweitrangig und zum Teil sogar alltagserprobt. Natürlich gibt es Karussells und Luftballons für die Kinder, Rutschbahnen und andere vergnügliche Installationen, die nicht das ganze Jahr über zu finden oder zu erleben sind. Aber die Terrassen, Wiesenflächen und installierten Dorfplatzattrappen prägen neben den zahlreichen Bühnen das Bild des Festivals. Am Wegrand kann man Früchte oder Säfte kaufen, und an vielen Ständen wird etwas angeboten, das hier nicht zwangsläufig zum privaten Alltag gehört: das Wiegen des eigenen Körpergewichts. Das verlässliche Wiegen kostet nur eine Lappalie und wird auch von vielen genutzt. Vielleicht ein bisschen verschämt, weshalb es unschicklich wäre, bei dieser Attraktion stehen zu bleiben, während sich jemand wiegen lässt. Aber es gehört zu die Dingen, die hier gerne in Anspruch genommen werden.

### Flanieren durch die Gassen des Handels

Die andere Attraktion der Stadt besteht das ganze Jahr über und prägt ebenfalls das Leben im gesamten Oman: der Suq von Salala. Hier kann man den ganzen Tag über bummeln, und man gewinnt im Vorbeigehen Hunderte orientalischer Eindrücke: Kleine Läden, überfüllt mit Goldschmiede-Arbeiten, Tee oder Weihrauch, locken mit klimatisierten Räumen, und dazwischen bieten Friseure und Barbiere ihre Dienste an. Auch draußen in den engen Gassen buhlen zahlreiche Händler um Kunden. Alle freuen sich über Kontakt und natürlich besonders über Kaufbereitschaft, doch keiner hier ist aufdringlich oder lästig. Vielleicht liegt es daran, dass die Händler hier besucherverwöhnt sind, vielleicht daran, dass sie selbst auch noch eine gewisse Scheu vor Fremden haben. So viel Englisch wie es braucht, um ein Verkaufsgespräch zu führen, können dann aber doch alle, die hier im oder beim Suq ihren Laden oder Stand haben. Hin und wieder sieht man auch Handwerker in Aktion. Zum Beispiel beim Nähen der Verzierungen auf der traditionellen omanischen Kopfbedeckung, der Kumma. Man darf ruhig stehen bleiben und zusehen, niemand hat etwas dagegen. Aber natürlich wird man das breiteste Lächeln ernten, wenn man tatsächlich auf den Reigen der Verkaufsverhandlungen einsteigt. Und es lohnt sich, das zumindest mal zu versuchen.

## DIE PARFÜMGESCHÄFTE

Bezüglich eines ganz spezifischen Produkts des Orients können die omanischen Suqs eine echte Offenbarung sein: Es geht um Düfte. Unter den häufig wiederkehrenden Läden gibt es jene, die mit Hunderten von größeren und kleineren Ampullen ausgestattet sind. Natürlich findet man hier auch fertig gemischte Duftöle oder Fabrikprodukte wie »Amouage«. Viel interessanter ist es jedoch, sich ein bisschen Zeit zu nehmen, um sich seinen eigenen Duft mischen zu lassen. Dafür muss man sich erst durch die verschiedenen Duftnoten testen, die im Angebot stehen. Um die Auswahl einzugrenzen, bietet der Händler häufig ein geradezu psychologisches Vorgespräch an: Er fragt, was für ein Typ man sei, welche Früchte einem gefallen, wofür man das Parfüm verwenden möchte usw. Am Ende hält man dann einen kleinen Flakon mit einem Duftwässerchen in Händen, das garantiert sonst niemand besitzt.

## WEITERE INFORMATIONEN

Info@omantourism.de,
www.omantourism.gov.om

Salala Festival: Traditionelle Tänze gehören im Oman zu jeder Feier.

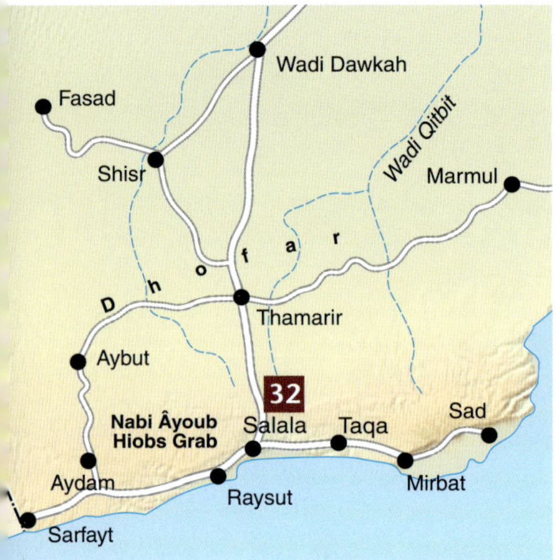


# 32 Al Baleed

## Paradies für Archäologen

**1945 schrieb der britische Forschungsreisende Wilfred Thesiger über die Hauptstadt Dhofars: »Salala ist ... kaum größer als ein Dorf ... der Markt bestand aus einem Dutzend Buden, war aber der größte im Umkreis von 1280 Kilometern.« Was er nicht wusste: Rund zehn Jahre zuvor wurden die Umrisse einer historischen Stadt entdeckt, die Salalas Bedeutung in ganz anderem Licht erscheinen lassen.**

Manchmal liegt die Wahrheit etwas verborgen, und hier in Salala war das bis vor ein paar Jahrzehnten der Fall. Denn bevor die ersten Spuren der Ausgrabungsstätte Al Baleed entdeckt wurden, wusste niemand, welches blühende Handelszentrum hier schon im 11. Jahrhundert angesiedelt war. Heute kann man sich selbst ein Bild davon machen, wenn man das Gelände besucht. Al Baleed heißt übrigens auch die Landzunge am östlichen Strand von Salala. In der Nähe stehen am Straßenrand mehrere Verkaufsbuden mit allerlei Früchten, die hier in der Gegend wachsen. Bedienen Sie sich ausgiebig bei den zuckersüßen Mangos! Es ist ohne Zweifel ein prosperierendes Land, und die Ausgrabungsstätte beweist, dass es das auch schon vor vielen Jahrhunderten war.

### Kooperation mit Deutschland

Übersetzt heißt Al Baleed nichts weiter als »die Stadt«. Den Namen gab man der Stätte wohl, weil man gar nicht genau weiß, wie diese historische Hafenstadt ursprünglich hieß. Für Archäologen jedenfalls sind die einzelnen Gebäude der Siedlung spannende Kapitel jahrelanger Forschungsarbeit. Ganz offiziell unterstützte der Anfang 2020 verstorbene Sultan Qabus dabei den Deutschen Michael Jansen, Experte für Städtebau, und sein internationales Team. Ende der 1990er-Jahre begann die Forschungs- und Ausgrabungsarbeit, und je weiter die Archäologen vordrangen, desto erstaunlicher wurden die Erkenntnisse über das, was hier vor über 1000 Jahren los war. Eine echte Sensation.

Die Ausgrabungsstätte Al Baleed ist ein liebevoll gestalteter Archäologiepark erster Güte (unten). Die Moschee war das erste freigelegte Gebäude (rechts oben).

Die Überreste der riesigen frühmittelalterlichen Stadt mit entsprechend imposantem Königspalast und Hunderten von Moscheen deuten jedenfalls auf einen ungeheuren Reichtum hin. Weihrauch, Pferde, Datteln, Tiere und vermutlich auch Sklaven wurden von hier aus in die ganze Welt verschifft. Allerdings ist die Geschichte heute noch weit davon entfernt, vollständig erzählt worden zu sein. Jansens Team legte aber die Grundlage für das, was man heute zu sehen bekommt, und das ist in jeder Hinsicht ansehnlich: eine hervorragend strukturierte Ausgrabungsstätte, die ohne zu harte Eingriffe in den historischen Bestand oder die Landschaft die architektonischen und städtebaulichen Botschafter der omanischen Vergangenheit präsentiert.

### Imposante alte Stadt

Es überrascht also nicht, dass diese Stadt heute ein fester Programmpunkt auf den meisten Kreuzfahrt- und Ausflugstouren im arabischen Raum ist. Die Ausgrabungsstätte wird von vielen Reiseveranstaltern erfolgreich – und zu Recht – beworben. Die gesamte Stätte besitzt eine Fläche von 64 Hektar, die im Osten und Norden von einer hohen Wehrmauer und im Westen von einem kleinen Graben umgeben ist. Die Gebäude, die man hier zu sehen bekommt, sind beeindruckend. Vor den Augen des Besuchers vervollständigt sich mit ein bisschen Fantasie eine Stadt inklusive Wohn- und Handelsgebäuden, die zu den bedeutendsten ihrer Zeit gehören musste. So hatte allein die große Moschee eine Grundfläche von über 1700 Quadratmetern, während sich die Stadt selbst über eine Länge von gut einem Kilometer ausbreitet.

Zur besseren Veranschaulichung wurden die Überreste der Moschee sanft durch einige neue Säulenrümpfe ergänzt. Das Leben wie es früher war, kann damit plastisch vor dem inneren Auge wieder aufleben. Beeindruckend präsentiert sich auf dem Gelände auch die alte Stadtfestung, die sich mit jedem Grabungstag weiter aus der Schutthalde herauslöste. Eine bisher ungeklärte Frage ist heute noch, wie es zur Zerstörung dieser alten Stadt kam. Was die alten Chroniken erzählen, ist lediglich, dass es eine wichtige Handelsstadt Namens Dhofar gegeben haben muss, die Mitte des 13. Jahrhunderts von Plünderern aus Hormus zerstört wurde. Seit 2000 gehört die Ausgrabungsstätte Al Baleed zum UNESCO-Weltkulturerbe.

## ZEITGESCHICHTE HAUTNAH

Salala ist ein historisch wichtiger Ort für den Oman. Schließlich begann genau hier auch die Regierungszeit des jüngst verstorbenen Sultans und damit die Renaissance des Landes an sich. Dass man darauf auch ganz gerne hinweist und dass der Sultan Wert darauf legte, diese jüngere Geschichte des Landes auch erfolgreich zu vermitteln, lässt sich im Oman-Museum von Al Baleed eindrucksvoll erleben. Ganz bewusst ist auf vielen Schautafeln von der »Wiedergeburt« des Landes die Rede, und auf zahlreichen Fotos einer zeitgeschichtlichen Galerie werden die Unterschiede zwischen heute und der Zeit vor Sultan Qabus aufgezeigt: früher eine Wüstenlandschaft, heute eine blühende Stadt – früher ein Land quasi im Mittelalter, heute ein Sultanat der Moderne. Nichts von alledem ist übertrieben, alles ist wahr, beeindruckend und sehr gut präsentiert. Aber über den Inhalt des Museums hinaus ist es auch ganz spannend zu sehen, wie die Geschichtsvermittlung in einem Land des schnellen Wandels inszeniert wurde.

## WEITERE INFORMATIONEN

Info@omantourism.de,
www.omantourism.gov.om

Das Grab des Propheten Hiob ist Pilgerstätte für Muslime und Christen (links, rechts unten). Am Eingang wird auch ein angeblicher Fußabdruck von Hiob gezeigt (rechts).

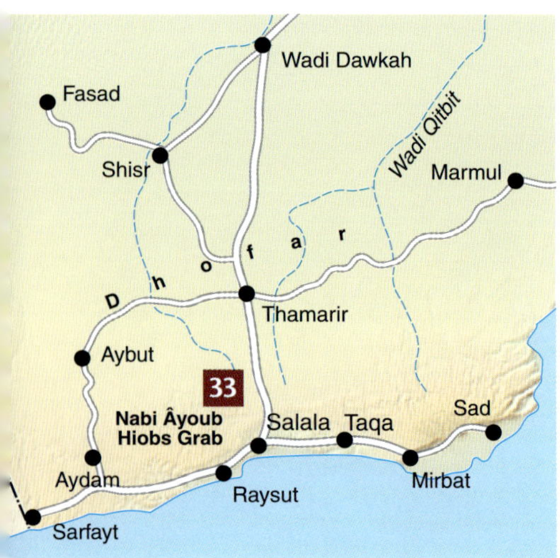


## 33 Jebel Al Qara

### Nabi Âyoub – Hiobs Grab

**Der Prophet Hiob muss ein erstaunlicher Mann gewesen sein. Zum einen, weil die Geschichte, die über ihn im Alten Testament geschrieben wird, jeden erschaudern lässt, Hiob selbst aber offenbar nicht beeindruckte. Zum anderen, weil das, was man an seinem Grab auf dem Jebel Al Qara nördlich von Salala zu sehen bekommt, ihn auch rein physisch auf eine schier unglaubliche Ebene stellt.**

Wenngleich man in den vergangenen Jahren vor allem die Unterschiede zwischen den Religionen emotional vermittelt hat, gibt es doch Überschneidungen zwischen den Religionsgeschichten. Hiob zum Beispiel wird als Botschafter oder Prophet verehrt. »Ayoub« heißt er etwa im Koran und »Ijov« im jüdischen Tanach. Immer geht es aber um denselben Mann und dieselbe Geschichte. Und die ist hart – wenn man bedenkt, dass Hiob heute von den meisten Menschen mit schlechten Nachrichten in Verbindung gebracht wird, wobei man mit den sogenannten »Hiobsbotschaften« dann auch immer den Gedanken verbindet, dass es ebendieser Hiob selbst ist, der mit den schlechten Nachrichten daherkommt. Dabei ist es genau umgekehrt: Hiob, der Mann aus »Uz« , das heute übrigens geografisch nicht zuzuordnen ist, war nämlich der Empfänger von schlechten Botschaften und Prüfungen, denen, laut der Heiligen Schrift, eine Art Wette zwischen Gott und dem Teufel zugrunde lag.

#### Überzeugung versus Resignation

Gott schätzte Hiob für seinen tiefen Glauben, und weil Satan Gott provozierte und boshaft behauptete, dass Hiob nur deshalb gottesfürchtig sei, weil es ihm im Leben und materiell so gut ginge, erlaubte Gott seinem Widersacher, Hiob auf die Probe zu stellen. Also widerfahren dem armen Mann alle erdenklichen Schicksalsschläge. Er verlor Hab und Gut, seine

zehn Kinder starben plötzlich, und obwohl Hiobs Frau ihm nahelegte, sich von dem Gott, der das alles zuließ, abzuwenden, blieb er auch dann noch fromm, als er am ganzen Körper von einem bösartigen Geschwür befallen wurde. Am Ende hatte Satan damit die Wette verloren und Gott einen guten Grund, sich bei Hiob zu bedanken. Er belohnte Hiobs Treue, indem er ihm am Ende seiner Qualen zweimal so viel gab, wie ihm zuvor auf Anraten Satans genommen worden war.
Hiobs Botschaft an die versammelten Weltreligionen ist demnach, dass man auch bereit sein muss, Schlechtes zu ertragen, wenn man Gutes entgegennehmen will. Die Frage, ob Hiobs ursprünglicher Vermögens- und Lebenszustand nach all den schweren Prüfungen tatsächlich verdoppelt wurde, er also doppelt so viele Häuser, 20 Kinder und doppelt so viel Geld besaß, ist eine Sache, an die man, wenn man will, glauben darf. Was man allerdings tatsächlich sehen kann, wenn man Hiobs Grabmal auf dem Jebel Al Qara besucht, ist, dass seine Körpergröße am Ende seines Lebens enorm gewesen sein muss. Darauf weisen zwei Dinge hin: zum einen die Größe des Grabes, das man erreicht, wenn man durch den kleinen Besucherpark und an der Moschee vorbeigeht, zum anderen ein Fußabdruck Hiobs, den man vor dem Eingang des Grabes bestaunen kann. Beide sind riesig und entsprechen ziemlich genau zweimal der Größe eines normalen ausgewachsenen Mannes.

## Die Moral der Geschichte des Riesen

Ob das etwas mit der Geschichte zu tun hat, die im Alten Testament, im Koran und im Tanach beschrieben wird? Nun: So ist die Geschichte von Hiob jedenfalls überliefert worden. Doch wenn man in den Gesichtern der Menschen unterschiedlicher Konfessionen liest, die sich gleichermaßen beeindruckt und verunsichert über das kleine Mäuerchen beugen, in dem Hiob seinen Fußabdruck hinterlassen haben soll, stellt man auch fest, dass es vielleicht keine große Rolle spielt, wie viel an der Geschichte des großen, gottesfürchtigen und doppelt belohnten Mannes tatsächlich wahr ist. Eine Sache haben Hiob und seine Chronisten auf jeden Fall erreicht: Die Anhänger der verschiedenen Weltreligionen denken über dieselbe Sache nach, während sie dieselbe Pilgerstätte aufgrund derselben Geschichten besuchen.

## ISLAMGESCHICHTE AUS DER NÄHE

Wenn man schon auf Gräberschau ist, sollte man auch das von Bin Ali besuchen. Dieses architektonisch interessante Mausoleum steht östlich von Salala. Kurz vor dem Ortseingang von Mirbat fällt auf einem Hügel neben der Straße ein Gebäude ins Auge, das sich über einem alten Friedhof erhebt. Es ist das Mausoleum des Bin Ali Al-Alawi, das mit seinen weiß getünchten Mauern und den zwei spitz zulaufenden Kuppeln kaum zu übersehen ist. Der Mann, der hier aufgebahrt ist, gehörte zu den wichtigen Persönlichkeiten des Islam, weil er angeblich direkt vom Schwiegersohn des Propheten Mohammed abstammte. Dieser Ehemann von Mohammeds Tochter Fatima hieß ebenfalls Ali, lebte aber einige Jahrhunderte vor dem Mann, der hier seine letzte Ruhestätte fand. Nicht-Muslime dürfen das Mausoleum nicht betreten, aber schon von außen ist es ein schönes Fotomotiv, das in vielen Bildbänden über den Oman auftaucht. Der wie ein Heiliger verehrte Bin Ali soll im 12. Jahrhundert aus dem Jemen gekommen und im Jahr 1161 in der Nähe von Mirbat gestorben sein.

## WEITERE INFORMATIONEN

Info@omantourism.de,
www.omantourism.gov.om

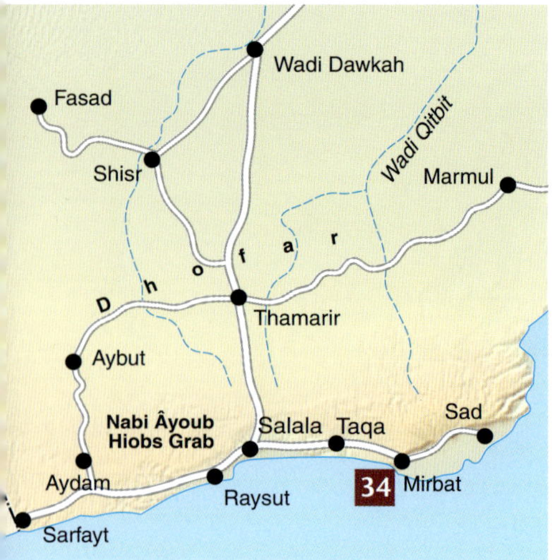


# 34 Bucht von Mirbat

## Das Marriott Hotel – eine Tourismusfantasie

**Eine gute Autostunde östlich von Salala liegt die große Bucht von Mirbat. Der Ausflug in diese Gegend lohnt sich aus mehreren Gründen: zum einen, weil die Bucht selbst einige gute Motive bietet, zum anderen, weil man hier einmal mehr auf der omanischen Zeitachse hin und her reisen kann. Denn Mirbat steht sowohl für die Vergangenheit des Landes als auch für das, was die Zukunft bringen kann.**

An der früher umkämpften Bucht von Mirbat entstanden gigantische Hotelanlagen (unten). Einst dienten diese Kanonen der Verteidigung der Bucht (rechts unten). Das Museum des Landes des Weihrauchs in Salala basiert auf Weihrauch, in Verbindung mit dem Archäologischen Park, einem UNESCO-Weltkulturerbe (rechts oben).

Es geht gemächlich zu im heutigen Mirbat. Das kleine Dorf, das sich heute mit einigen verfallenden Häusern im Zentrum präsentiert, hat seine besten Zeiten offensichtlich hinter sich. Trotzdem: Man glaubt hier wohl auch an die Zukunft, denn immer wieder sieht man zwischen den alten Häusern neue Baustellen sowohl für private Gebäude als auch für öffentliche. So entsteht z. B. im Zentrum eine neue Moschee – ein Zeichen dafür, dass man das Leben hier wieder in Schwung bringen und das Dorf für die Bewohner wieder attraktiv machen will. Der Hafen ist lebhaft. Fischer bereiten sich auf ihre Ausfahrt vor, Boote werden gestrichen, und der Strand zeichnet einen hübschen Bogen in die Bucht. Doch so idyllisch und ruhig war es hier nicht immer.

### Der Beginn der Neuzeit

In der ersten Hälfte der 1970er-Jahre tobten in Mirbat die letzten entscheidenden Kämpfe um die Herrschaft über die Provinz. Zu diesem Zeitpunkt war Sultan Qabus schon aus London zurückgekehrt und hatte die Verhandlungen mit den Rebellen aufgenommen. Doch längst nicht alle hatten sein Amnestie-Angebot angenommen. Außerdem standen die Rebellen damals zwischen zwei Stühlen: auf der einen Seite die Hoffnung auf einen Neubeginn mit dem jungen Sultan, dem man viel zutraute, auf der anderen Seite die Aussicht auf eine Volksrepublik mit jemenitischer Unterstützung. Die Entscheidung brachte am Ende ein blutiges Kräftemessen. Ausschlaggebend bei diesen letzten Kämpfen in Mirbat war die stille inter-

nationale Hilfe, die den Soldaten des Sultans zuteil wurde. Der Grund für diese internationale Anteilnahme lag 1000 Kilometer entfernt in Musandam. Die Gefahr, dass die Straße von Hormus, die Achillesferse der Ölwirtschaft, plötzlich in die Hände kommunistischer Rebellen fallen könnte, schreckte die Welt auf. In der Folge stellten einige Länder mitten in der Ölkrise von 1973 großzügig Truppen, Hubschrauber und Logistik zur Verfügung. Und so dauerte es nicht lange, bis die Rebellen endgültig in die Berge zurückgedrängt werden konnten. Zwei Jahre dauerten die Kämpfe noch an, bis die Provinz Dhofar und das Sultanat im Dezember 1975 offiziell zum sicheren Gebiet erklärt werden konnten.
Von alledem spürt man heute in Mirbat freilich nichts mehr, doch man sollte diese Ereignisse im Hinterkopf haben, wenn man etwa die Festung besucht, in der sich die Rebellen verschanzt hielten, bis die Luftwaffe den Kämpfen ein Ende machte. Heute ein eindrucksvoller Ort mit toller Aussicht vom Fortdach über die Bucht.

## Der Blick in die Zukunft

Noch etwas weiter östlich, in Hasik, denkt man noch ein bisschen weiter. In diesem Fischerdorf soll in den nächsten Jahren eine US-Marinebasis entstehen, worauf das nahe gelegene Marriott Hotel schon heute baut. Die moderne Vier-Sterne-Anlage bietet 170 Zimmer, 37 Suiten, mehrere Chalets, Pools und eine Tauchbasis. Das ist mehr, als das Hotel derzeit braucht, und doch ist es nur der Anfang. In der Hotelhalle bekommt man durch ein Modell in einer enormen Glasvitrine einen Vorgeschmack auf das, was hier geplant ist: eine ganze Stadt nämlich, inklusive Hafen, Vergnügungspark und Privatvillen, die sich um das heutige Hotel scharen. Wieder wird man ein bisschen an die Hotelanlagen am Roten Meer erinnert. Tatsache ist, dass Strukturen wie das Marriott Hotel wohl vor allem Pauschalurlauber anziehen werden – und zwar vor allem außerhalb der Sommersaison, also zwischen Herbst und Frühling. Denn dann ist auch das Meer, das hier im Juni und Juli vom Monsun ordentlich aufgepeitscht wird, für Badegäste ideal.

## DER WEIHRAUCHHAFEN

Auf dem Weg zurück nach Salala lohnt sich ein Abstecher in den schönen Naturhafen unterhalb der antiken Stadt Samhuram. Die Bucht selbst ist in jeder Jahreszeit ein wunderbares Naturschauspiel, und auch die vergleichsweise weniger besuchte Ausgrabungsstätte präsentiert sich auf eine sehr ansprechende Art und Weise. Hier, wo heute nur mehr Mauerreste stehen, entwickelte sich schon um 100 n. Chr. ein Handelshafen, der für den Weihrauchtransport von Bedeutung war. Die kleine Stadt, deren Reste man besuchen kann, stand zu diesem Zeitpunkt aber schon da. Im Laufe der letzten 70 Jahre haben sich viele verschiedene Wissenschaftlerteams mit dem Gelände beschäftigt. Zuerst, in den 1950er-Jahren, die Amerikaner, dann die Omaner selbst und am Ende der 1990er-Jahre eine Gruppe von Archäologen der Universität Pisa. Seit dem Jahr 2000 ist der antike Weihrauchhafen auch auf der Liste des UNESCO-Weltkulturerbes. Auf dem Gelände befindet sich auch ein kleines Museum über die Geschichte von Samhuram.

## WEITERE INFORMATIONEN

**Mariott Hotel**, www.marriott.com/hotel-search/oman.hotels/

# Der Norden

## *Auf Daufahrten in majestätischer Stille*

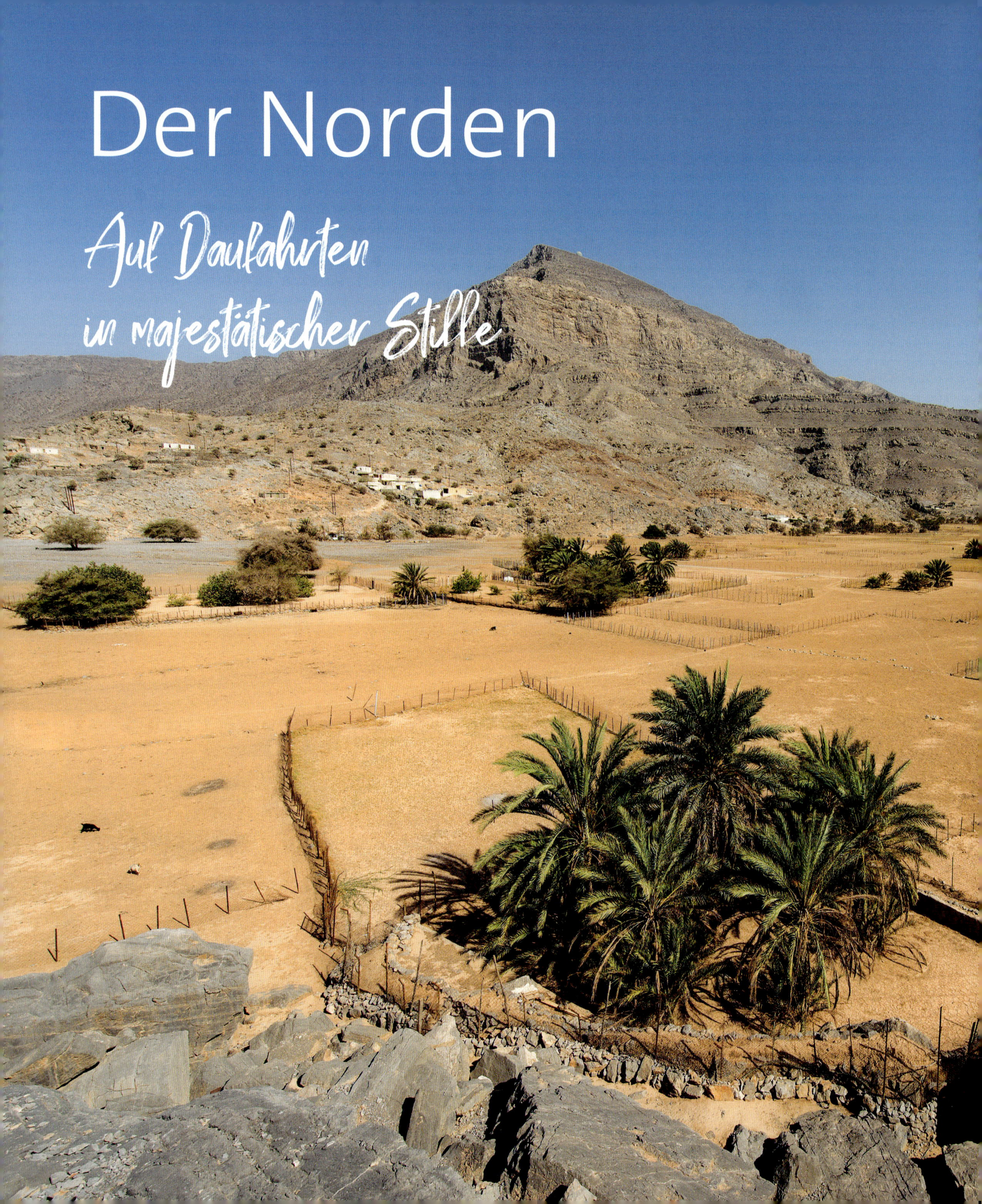

Musandam: Geschichte, Natur und Tradition. Beeindruckende Landschaften der Bergwelt – hier die Say-Ebene mit dem Jebel Harim im Hintergrund (links).

Straße von Hormus
Persischer Golf
IRAN
35 Musandam
38 Khasab
Khawr Najid
Bukha
36 As Sayh/ Sayh Plateau
37 Jebel al Harim
OMAN
Ra's al-Chaima
Dibba Al-Fujairah
Umm al-Qaiwain
Manama
OMAN
Al Dhaid
Masafi
Dubai
Al Awir
Maleha
Fudschaira
Lahbab
Kalba
Golf von Oman
VEREINIGTE ARABISCHE EMIRATE
Hatta
Shinas
Fiqa
Al Hayer
Nahil
Liwa
Suhar
al-Ain
Saham
Khabura
SULTANAT OMAN
Al Hajar Gebirg
As Suwaiq
Al-Musannah
Barka
Sib
Masqat, Oman
alsh'byt
Bidbid
0
N
40 km

# Der Berg ruft

**Berge von über 2000 Meter Höhe und dazwischen eine wild zerklüfte Fjordlandschaft mit tiefblauem Meer prägen den Norden. Hier liegt die vom Rest des Oman abgetrennte und an die Vereinigten Arabischen Emirate grenzende Exklave Musandam. Eine einsame Region, in der die Uhren noch langsamer gehen als im Rest des Sultanats.**

Steigen Sie ein! Im kleinen Propellerflugzeug, das Sie von Masqat nach Khasab bringt, der Hauptstadt Musandams an einer tief eingeschnittenen Meeresbucht, können Sie aus der Vogelperspektive bereits einen ersten Eindruck von der überwältigenden Schönheit der Region erhaschen: Wild zerklüftete Berglandschaften, dazwischen einige wenige kleine Orte, ungezählte tief eingekerbte Fjorde und Buchten. Sandbuchten vor glasklarem, türkisblauem Wasser. Stets sind auch Öltanker zu sehen, denn die Meerenge, die den Arabischen Golf mit dem Golf von Oman verbindet, ist eine der meistfrequentierten Schifffahrtsstraßen weltweit. Und Autostraßen oder gar Autobahnen? Fehlanzeige! Auf der Musandam-Halbinsel gibt es nur wenige geteerte Wege, die meisten wurden vom Militär geschaffen, das im Zentrum der Halbinsel seinen Stützpunkt unterhält. Das Boot ist hier ganz im Norden nach wie vor das gebräuchliche Fortbewegungsmittel.

## Khasab, die lebendige Hauptstadt

Dennoch kann man natürlich auch auf dem Landweg von Oman durch die Emirate nach Musandam einreisen. Ein paar Formalitäten sind nötig, dann öffnet sich der Schlagbaum, und Sie dürfen die Grenze wechseln. Zentrum ist die Hauptstadt Khasab, die dominiert wird von ihrem lebhaften Hafen und einer über 400 Jahre alten Festung, heute ein tolles Museum, untergebracht in vielen, sensibel im arabischen Stil restaurierten Räumen und den Innenhöfen. Auch einige gute und zweckmäßige Hotels und nette, authentische Restaurants und Teestuben erwarten Sie in Khasab. Es lohnt sich also, hier etwas zu verweilen.

## Fantastische Aussichten, frische Bergluft

In Musandam steigen die Gipfel des Hajar-Gebirges auf über 2000 Meter an. Nur mit geländegängigen Wagen kann man auf einer Piste bis zur Radarstation auf den Jebel Harim gelangen, den höchsten Berg des Sayh-Plateaus, einer fruchtbaren, grünen Weidefläche in 1100 Metern Höhe, bewachsen mit Mandelbäumen und Dattelpalmen. Von hier aus sind es dann noch 15 Kilometer: Die Straße schraubt sich in ungezählten Serpentinen den Berg hinauf. Auf 1600 Metern ist die Luft angenehm frisch, das Licht besonders klar: Sie haben die militärische Anlage erreicht, einen Sperrbezirk, der den Gipfel mit einschließt, höher darf man nicht fahren. Doch bereits hier ist die Aussicht einfach atemberaubend: ein grandioser Panoramablick über die Bergwelt Musandams und die vielen, nahezu senkrecht eingeschnittenen Wadis. Nehmen Sie sich mindestens eine halbe Stunde Zeit, um die Szenerie auf sich wirken zu lassen.

Unterwegs haben Sie mehrere teilweise verlassene Dörfer von archaischer Schönheit passiert. Ein Muss ist eine Pause in der Khawr Najid genannten Siedlung: Der Blick in die Tiefe über das graubraune Bergmassiv und bis zum hell leuchtenden Meer ist unbeschreiblich, besonders nachmittags sind die Lichtverhältnisse grandios. Unvergleichlich ist auch die Stille, die Sie hier oben umfängt. Am nächsten Morgen geht es dann weiter mit einem wahren Kontrastprogramm: Noch vor Sonnenaufgang starten Sie an Bord einer traditionellen omanischen Segel-Dau zu einer Tour in einen der imposanten Fjorde Musandams. Steil aufragende Berge, glasklares, glitzerndes Wasser, Delfine, die das Boot begleiten: Einfach schön!

Wenn die Frachtboote morgens aus dem Iran in den Hafen von Khasab einfahren, beginnt das Handeln und Feilschen – ein wahres Spektakel!

## IM HAFEN VON KHASAB

Hier gibt es viel zu sehen und zu bestaunen: Ab Sonnenaufgang treffen die ersten Schnellboote aus dem Iran in Khasab an. Die Fracht ist bodenständig: junge Ziegen, körbeweise frische Fische. Die Abnehmer warten bereits mit ihren Kleinlastern und Pick-ups, dann werden Zigaretten und elektronische Kleinartikel, Waschmaschinen und Werkzeuge aufgeladen. Man scherzt, trinkt gemeinsam ein Glas süßen Tee, und schon ist der Handel perfekt. Schnell kommen auch Besucher ins Gespräch mit den Omanis. Da es in dieser Region eher selten Touristen gibt, herrscht ein aufrichtiges Interesse, und mitunter bittet man Sie sogar um ein gemeinsames Foto. Im Hafen liegen sehr viele Boote vor Anker, die Sie mitnehmen zu Entdeckungstrips in die Fjorde der Musandam-Halbinsel. Zuverlässig und freundlich ist hier jeder, das Aushandeln der Preise gehört jedoch dazu.

## WEITERE INFORMATIONEN

**Bassa Public Beach**, Khasab Coastal Road, weniger zum Schwimmen als zum Genießen der Landschaft und zum Laufen geeignet.

Prähistorische Spuren und omanische Schmuggler, die ihre Waren so über die Grenze in den Iran bringen (oben). Die berühmten Fjorde Musandams (rechts unten) – nicht umsonst nennt man diese Region auch das »Norwegen Arabiens«.

# 35 Musandam

## Khasab und die Schmuggler

**Der nördlichste Punkt des Oman ist wegen der Lage an der Meerenge von Hormus gleichzeitig auch der mit der größten strategischen Bedeutung. Doch das alleine wäre noch kein Grund, sich auf den Weg nach Musandam zu machen. Wirklich lohnenswert ist die Reise in den Norden des Landes wegen der einzigartigen Landschaft, die man hier zu sehen bekommt.**

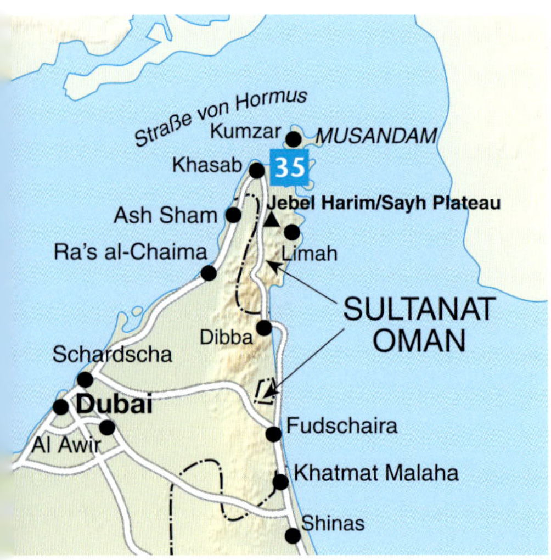


Es gibt mehrere Beschreibungen für Musandam (die Betonung liegt übrigens auf der zweiten Silbe), die kleinste und nördlichste Region des Oman: »Norwegen Arabiens« zum Beispiel oder das »Schmugglerparadies Omans«. Beides stimmt irgendwie, vor allem machen aber die Lage, die Bevölkerung und natürlich die Landschaft diese Region zu etwas ganz Besonderem.

Das norwegische Flair hat schlicht etwas damit zu tun, dass hier, an den nördlichen Ausläufern des Al-Hajar-Gebirges, massive hohe Felswände auf dramatisch schöne Weise steil ins Meer abfallen. Egal von welcher Perspektive man diese Landschaft auch betrachtet, sie hat immer etwas Magisches und präsentiert fantastische Fotomotive – von oben, wenn man in den Bergen unterwegs ist und die Sonne sich weit unterhalb glitzernd in den einsamen Buchten spiegelt, aber auch von unten, also vom Meer aus, wo die Berge viele Hundert Meter aus der dunkelblauen See hinaufwachsen.

### Ein Auge zugedrückt

Dann gibt es hier noch die Sache mit den Schmugglern. So abenteuerlich, wie es im ersten Augenblick klingt, ist das allerdings gar nicht, und es hat vor allem etwas damit zu tun, dass ein Motorboot von hier aus ziemlich schnell im Iran ist. Deshalb sieht man immer wieder voll bepackte Schnellboote übers Meer

flitzen, und irgendwie werden sie auch von den Zollbehörden toleriert. Hauptsächlich liegt das wohl daran, dass die Waren, die da steuerfrei ausgetauscht werden, in der Hauptsache harmlose Güter sind. Die meist iranischen Schmuggler fahren etwa mit Ziegen oder Stoffen an Bord die rund 70 Kilometer übers Meer ans Ufer des Oman, lassen sich dort bereitwillig nach Waffen und anderen verbotenen Gütern untersuchen und gehen dann auf den Markt oder in die Läden des Ortes Khasab, um elektronische Geräte, Autoersatzteile, Zigaretten oder andere Waren einzukaufen, die es im Iran nicht oder nur sehr viel teurer gibt. Fruchtbar ist dieser Handel wohl auf jeden Fall, und »fruchtbar« ist gleichzeitig auch die Übersetzung des Städtenamens »Khasab« aus dem Arabischen.

## Strategisches Zentrum Musandam

Hier in Musandam wird von manchen Einwohnern noch eine Sprache gesprochen, die es sonst nirgends mehr auf der arabischen Halbinsel gibt, nämlich das Kumzari. Es ist weit gutturaler als die arabische Sprache und stammt eigentlich aus dem Iran. Dass die knapp 2000 Quadratkilometer große Exklave Musandam mit ihren rund 30000 Einwohnern heute überhaupt zum Oman gehört, hat etwas damit zu tun, dass die Briten daran ein besonderes Interesse hatten. Und als Sultan Qabus 1970 das Ruder übernahm, sorgte er dafür, dass dieser nördlichste Landstrich der arabischen Halbinsel tatsächlich auch offiziell unter seine Verwaltung kam. Aus omanischer Sicht ist die Halbinsel sozusagen eine echte Insel, denn Musandam ist vom restlichen Sultanat durch einen Landstrich der Vereinigten Arabischen Emirate getrennt. Und dieses »Insel-Feeling« und der damit zusammenhängende Eindruck, tatsächlich ein bisschen anders sein zu dürfen als der Rest des Landes, ist hier auch immer zu spüren.

Besiedelt war dieser Teil der arabischen Welt aber schon lange, bevor er seine geopolitisch-strategische Bedeutung bekam. Das beweisen nicht zuletzt die Gravuren im schattigen Wadi Qadah. Auf mehreren Felsbrocken beim kleinen Dorf Tawi sieht man eingeritzte Zeichnungen von Tieren und Kriegern, Höhlenzeichnungen ähnlich. Vermutlich sind sie rund 2000 Jahre alt und stammen tatsächlich aus einer Höhle weiter oben in den Felswänden, die zusammenbrach und die Felsbrocken ins Tal beförderte.

## SCHÖN WOHNEN UND GUT ESSEN

Khasab, der Hauptort von Musandam, befindet sich mittendrin im Prozess der Entwicklung. Man kann also getrost davon ausgehen, dass in den kommenden Jahren mehrere gute Hotels entstehen werden. In wunderbarer Lage steht heute schon das Golden Tulip Resort Khasab. Von dort überschaut man den gesamten Bogen der Bucht von Khasab und die Berge dahinter. Ansonsten bietet das Mittelklassehotel natürlich auch alles, was zu einem Hotel gehört: eine schöne Terrasse, einen Pool, ein Tauchcenter und zu allen Mahlzeiten arabische und westliche Küche. Grundsätzlich empfehlenswert sind eher die arabischen Gerichte – zum einen, weil man Nudeln auch zu Hause essen kann, zum anderen aber auch, weil die arabischen Produkte und Speisen frischer und besser sind.

## WEITERE INFORMATIONEN

www.goldentulipkhasab.com

Khasab: Sultan-Qabus-Moschee. Am Abend weht der Muezzingesang durchs Land.

Jebel Harim: Wer hier mit dem Wagen hinauf will, muss ein guter Fahrer sein – oder einen guten Fahrer haben (oben). Prähistorische Felszeichnungen weisen den Weg zu einer Kalksteinwand, in der seltene Fossilien eingeschlossen sind (rechts oben).

# 36 Sayh Plateau

## Bergtour und Fossilien

**Die gesamte Halbinsel Musandam ist von steilen Bergen geprägt, auf die mehr oder weniger gut ausgebaute Straßen führen. Der höchste dieser Berge heißt Jebel Harim, und ein Ausflug auf sein Hochplateau ist ein lohnendes Unterfangen. Denn der Berg hat einiges zu bieten. Aufbruch in ein Abenteuer der Sinne und Fahrkünste.**

Die Straßen verdankt die Region übrigens nicht nur dem aufstrebenden Tourismus, sondern vor allem der Tatsache, dass man hier Straßen brauchte, um in diesem Grenzgebiet die Truppen so schnell wie möglich zu bewegen. Doch heute ist man hier nicht mit dem Militär unterwegs, sondern im Idealfall mit einem Tourguide. Natürlich kann man dieses Abenteuer auch auf eigene Faust angehen, doch wer nicht gerade mit einem guten Maß an Kurven- und Bergstraßenlust ausgestattet ist, sollte sich für einen Ausflug in die Berge einem kundigen Führer anvertrauen. Der Vorteil besteht darin, dass die Guides nicht nur das Fahren übernehmen, sondern auch auf dem Weg durch die Bergwelt immer wieder erzählen, was es mit dieser Gegend auf sich hat. Unser Guide heißt Abdullah, stammt aus Marokko und lebt seit sieben Jahren in Musandam, während der Fahrer, Leite, von den Philippinen kommt. »Wir sind ein bisschen typisch für diese Gegend«, sagt Abdullah, »denn hier treffen Menschen aus der ganzen Welt aufeinander und leben gut zusammen.«

### Grüße aus der Urzeit

Der Weg hinauf zum Sayh Plateau führt zuerst an einem Damm vorbei, der bei heftigen Regenfällen eine Überflutung des Tals verhindern soll. Dann, nach vielen Serpentinen durch zerklüftete, steile Felswände, erreicht man plötzlich das erste fruchtbare Plateau auf rund 1100 Metern Höhe. Mitten auf den flachen Felssteinen sind beeindruckende Fossilien aus der Steinzeit zu sehen. Dann sind wir auf dem Hochplateau angelangt: Die Aussicht gehört zu den spektakulärsten im ganzen Oman.

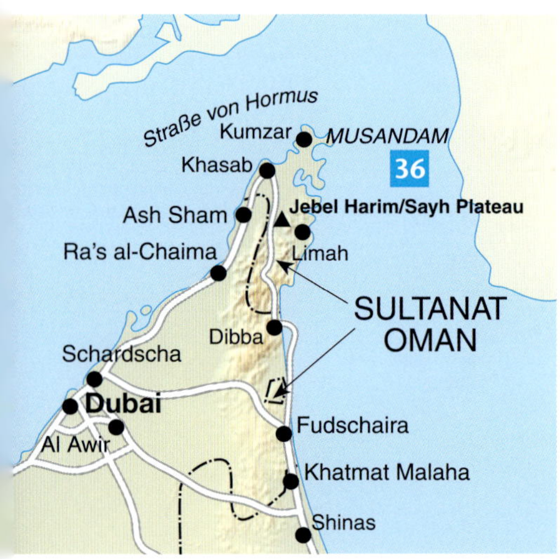

# 37 Jebel Harim

## Sultans Traumhütte

**So abweisend die kargen Felsen auch wirken, die Berge in dieser Gegend sind seit jeher bewohnt. Am Straßenrand stehen große Wassertanks, denn einige Häuser sind von einer Frischwasserleitung weit entfernt. Doch mit viel größeren Herausforderungen hatte der Bewohner eines kleinen Felshauses zu kämpfen.**

Prachtvolle Aussichten und beeindruckende Lebensgeschichten. Mitten zwischen den Felsen versteckt liegt »Sultans Traumhütte«. Ein gemütliches Zuhause ist eben eine sehr persönliche Angelegenheit.

Sultan nannten die Menschen in dieser Gegend den Mann, und um Sultans Hütte überhaupt zu sehen, braucht man schon ein sehr gutes Auge und vor allem einen informierten Guide. Ungefähr auf halber Strecke zwischen dem Damm und dem ersten Plateau durchquert eine ausladende Kurve ein steiles Tal. Dort sieht man vor allem riesige Steinbrocken, die irgendwann bei schwerem Regen mit massiver Wasserkraft Richtung Tal gerollt wurden. Die schiere Größe dieser Brocken beeindruckt, und unser Guide Abdullah erzählt, dass es seit vielen Jahren schon nicht mehr so stark geregnet hat, dass diese Steine in Bewegung geraten wären. »Mindestens seit Sultan, der verrückte alte Mann, der hier gelebt hat, vor rund zehn Jahren gestorben ist«, sagt Abdullah. Und während er das erzählt, zeigt er auf einen kleinen Felsvorsprung inmitten der steilen Felswände. Man sieht Mauerstücke, die eine Felsausbuchtung mit der nächsten verbinden, einen kleinen Pfad, der schwindelerregend davor vorbeiführt, und zwei Türen, aus denen man wohl niemals schlafwandeln durfte.

### Baumeister des eigenwilligen Glücks

Sultan selbst soll diese Hütte gebaut und sein Leben lang dort gewohnt haben. Sein Zuhause bestand aus zwei Zimmern, hinter einem der beiden Türen hielt er Ziegen. In dem anderen Raum verbachte er selbst sein Leben, bis er mit 80 Jahren starb. In jungen Jahren, erzählt Abdullah, soll Sultan im Tal sogar eine Frau gefunden haben. Doch als er seine neue Gattin dann zum ersten Mal in seine Hütte führte, forderte diese sofort die Auflösung der Ehe. Sultan blieb seither allein, doch alles andere als unglücklich!

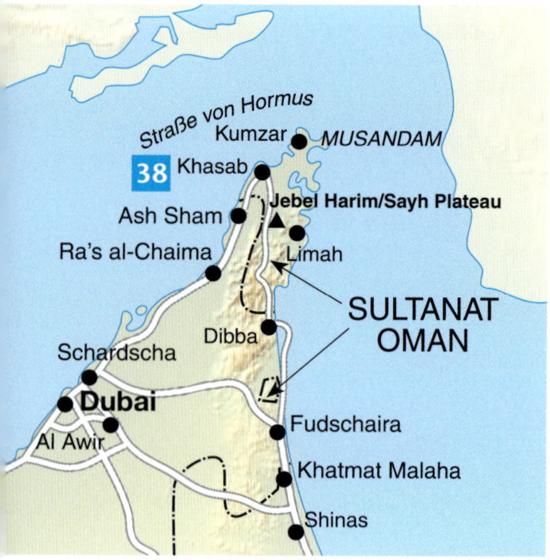


# 38 Khasab

## Zu Gast bei einer Hochzeit

**»Ich verheirate euch gemäß dem Koran und gemäß der Sunna des Propheten«, so lautet die Formel für Eheschließungen im Islam. Zuvor wird ein Tuch über die Hände der Brautleute gelegt. Doch das eigentliche Fest steigt in den beiden Häusern von Braut und Bräutigam, bevor die offizielle Zeremonie über die Bühne geht. Und zu dieser Feier wird man auch als Tourist immer wieder mal eingeladen.**

Hochzeit arabisch. Orientalischer Gesang für die Braut (unten rechts), stoische Gelassenheit des Bräutigams und seines Trauzeugen (unten links). Traditionelle Tänze als Hochzeitsgruß. Die Braut selbst ist während des Fests kaum zu sehen (rechts oben).

Abdulfattah Bin Ahmed Al Shehi wird in Khasab respektiert. Vor vielen Jahren schon begann er, sein privates Tourunternehmen aufzubauen, und heute kennt jeder auf der Halbinsel sein »Musandam Sea Adventure«. Wenn Abdulfattah also einen zur Hochzeit seiner Schwester einlädt, kann man nicht ablehnen. Aus zwei Gründen: zum einen weil es tatsächlich nett gemeint ist und es einem stolzen Omaner gegenüber unfreundlich wäre, eine solche Einladung auszuschlagen, zum anderen weil eine Hochzeit im Oman etwas ist, das sowieso die Einbeziehung der Öffentlichkeit vorsieht. Islamische Hochzeiten sind anders als christliche: Zwar gibt der Koran die Regeln vor und empfiehlt sogar die Monogamie, doch die Ehe ist kein Sakrament, sondern ein öffentliches Versprechen, und ein wesentlicher Bestandteil des Eheabkommens sind die Geschenke, die die Braut erhält – übrigens zur Sicherheit, damit sie etwas hat, wovon sie leben kann, sollte die Ehe in die Brüche gehen. Die große Truhe mit den Geschenken wird immer der Frau allein gehören, und sie enthält das, was der Bräutigam ihr überreichen muss, und das, was andere ihr schenken. Während in den beiden Häusern der künftigen Ehepartner gefeiert wird, kann jeder seinen Beitrag dazu leisten.

## Schüsse, Tänze und Gesang

Vor dem Haus von Omar, dem Bräutigam, ist einiges los. Er selbst thront in seinem besten Gewand auf einem Stuhl neben seinem Elternhaus und beobachtet zusammen mit seinem besten Freund das Treiben, das sich da abspielt. Und das ist einigermaßen beeindruckend. Eine große Gruppe von Festgästen hat den Platz vor dem Haus in eine Tanzfläche verwandelt, auf der in einer präzisen Choreografie Säbel geschwungen und Schrittfolgen inszeniert werden. Immer wieder fällt mit einem ohrenbetäubenden Knall ein Schuss – Freudenschüsse wohlgemerkt, Überbleibsel einer Zeit, in der man selbstverständlich als Mann in erster Linie Krieger war, und Krieger schießen bei friedlichen Anlässen eben in die Luft. Das ist gewöhnungsbedürftig für fremde Ohren, aber nicht bedrohlich, wenn man sich an den Anblick der Gewehre mal gewöhnt hat.

## Das männliche Lied von der Frau

Etwas weiter weg, in einem anderen Stadtteil von Khasab, spielt unterdessen eine omanische Musikgruppe im Vorgarten des Hauses der Brautfamilie. Es ist das Haus der Eltern von Abdulfattah, und der Vater sitzt stoisch am Rand und beobachtet das Geschehen. Manal heißt die Braut, die natürlich bis zum heutigen Tag bei ihren Eltern gewohnt hat. Doch sie ist irgendwo im Inneren des Hauses. Weder auf dem Dorfplatz mit den Gewehren noch hier, im Haus der Braut, feiern die Frauen tatsächlich mit. Aber immerhin: Bei diesem Fest sind sie zumindest anwesend. Ein bisschen aus dem Hintergrund, aber sichtbar hören sie dem beleibten Sänger zu, der übrigens offiziell die Rolle der Frau übernimmt. Sozusagen mit rosa gezeichneter Gestik und Mimik singt er Liebeslieder, in deren Kehrreime alle anderen einfallen. Es ist eine Musik, bei der jeder aufgefordert ist, mitzuwirken. Der Solist im weiblichen Gewand singt, die anderen antworten, und immer wieder geht dazwischen jemand zu dem großen Teller, der in der Mitte der Gruppe aufgebaut wurde, und legt eine Spende hinein. Bis spät in die Nacht gehen die beiden Feste in Khasab weiter. Dann, irgendwann, wenn die beiden Eheleute offiziell miteinander verheiratet sind, werden sie sich behutsam einander nähern. Das darf ruhig einige Zeit dauern, schließlich soll die Ehe ja ein Leben lang halten.

## FLITTERWOCHEN IN DER ZIGHY BAY

Apropos Hochzeit: Es gibt Hotels, die einen in dem Augenblick, in dem man sie sieht, dazu animieren, die Flitterwochen dort zu verbringen. Und zwar unabhängig davon, ob man sie eigentlich schon hinter sich, vor sich oder gar nicht vorhat. Zu diesen Orten gehört ohne Zweifel das »Six Senses« in der Zighy Bay. Es gibt dort nichts außer dieser sehr schön gepflegten Hotelanlage, weshalb man sie lieber meiden sollte, wenn man den Urlaub mit Partys und viel Unterhaltung verbringen möchte. Wer aber Ruhe sucht, gern Ausflüge macht, sich verwöhnen lässt oder eben auch mal seinen Liebling noch einmal heiraten würde, ist im Six Senses gut aufgehoben, z. B. in einer der Pool-Villas. Man muss zwar, je nach Jahreszeit, zwischen 700 und 1200 Euro pro Nacht investieren, doch dafür wird der Aufenthalt auf ewig in Erinnerung bleiben.

## WEITERE INFORMATIONEN

www.sixsenses.com

Mit der Dau unterwegs in den Fjorden Musandams, geht die Fahrt auch an einsamen Dörfern zwischen felsigen Buchten vorbei (oben). Die Passagiere haben Logenplätze – und der Kapitän hat immer alles im Blick (rechts).

# 39 Halbinsel Musandam

## Fjordtour in der Dau

**Eine eindrucksvolle Art, die Halbinsel Musandam mit ihrem norwegischen Flair zu erleben, ist ein Ausflug mit einem traditionellen omanischen Boot, der Dau. Weil diese gemütlich tuckernden Boote genau das Tempo an den Tag legen, das man braucht, um die Landschaft in aller Ruhe zu betrachten. Und weil man während der Fahrt ins Meer und in die omanische Tradition eintauchen kann.**

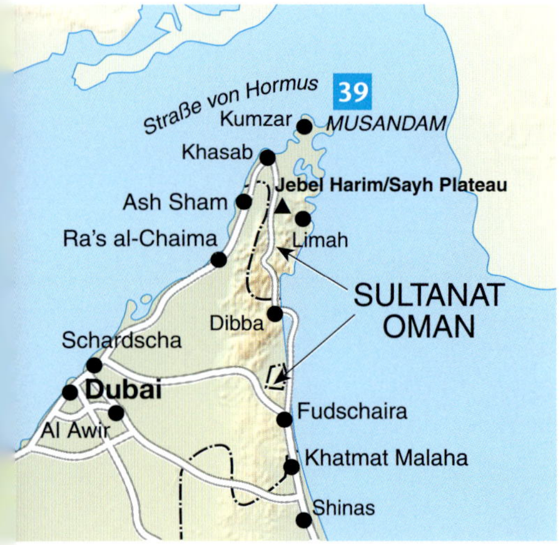


Eine Tour durch Musandams Fjorde ist in jedem Fall ein unvergessliches Erlebnis. Wie gut diese Ausflüge am Ende des Tages aber tatsächlich gewesen sein werden, hängt vom Wetter, von der Crew, von den Mitreisenden und einem ganz präzisen Verhältnis ab – jenem zwischen dem, was am Anfang der Tour versprochen wird, und dem, was man tatsächlich zu sehen bekommt. Abdullah, unser Guide aus Marokko, scheint das zu wissen, denn sosehr er auch von solch einer Tour schwärmt – viele seiner Ankündigungen versucht er erst mal zu relativieren oder in Gottes Hand zu legen. »Wir werden einige wunderbare Buchten sehen und dann auch immer wieder vor Anker gehen, damit Sie einen Blick unter Wasser werfen können. Mit etwas Glück sehen Sie viele bunte Korallenfische, In-shallah.« Inshallah? »So Gott will«, wiederholt Abdullah. »Und es kann sein, dass wir auch Delfinen begegnen, die Sie fotografieren können«, fährt er fort, »oder dem einen oder anderen Schmugglerboot. Aber das sollten Sie dann lieber nicht fotografieren. Und wenn wir auf der Rückfahrt noch ein bisschen Zeit haben, halten wir noch an einer Stelle, an der man zu einem Wrack schnorcheln kann. Inshallah.« Klar doch, so Gott will. Nur nicht zu viel Optimismus.

### Eine Crew aus aller Welt

An Bord des blau getünchten und mit einem großzügigen Sonnensegel ausgestatteten

BEUCHAT

Delfine und Seevögel begleiten die Bootstour in den Fjorden. Aber es gibt auch genügend Zeit für gutes Essen und einen Sprung ins Wasser.

Kahns ist ein bunter Mix von Passagieren. Elizabeth, eine amerikanische Libanesin, Flavia und Sandra, italo-französische Schwestern, Soraya, eine Französin mit deutschem Nachnamen, und Sebastian, ein Deutscher mit leicht britischem Akzent. Alle fünf sind aus Dubai gekommen, wo sie beruflich zu tun haben, und die ganze Bootsschar wird von einem Kapitän gefahren, der Mohammed Elais heißt und den Kahn überwiegend mit seinem großen Zeh steuert. Das Wetter ist hervorragend, die

Truppe ebenfalls, immerhin: Zwei Bedingungen für einen gelungenen Ausflug sind erfüllt. Der Khor Shimm, den Kapitän Elais ansteuert, ist mit gut 16 Kilometern der längste Fjord Musandams, und während Tee und kalte Getränke angeboten werden, erzählt Abdullah vom Leben in dieser Gegend. Von seiner Heimat Marokko mal abgesehen, sagt er, gebe es keinen schöneren Ort auf der Welt, und das liege nicht nur an der einzigartigen Landschaft, sondern auch an den Menschen, die hier in Musandam leben und genügsam sind. Während er das erzählt, schippert das Boot an einer kleinen Bucht vorbei, in der sich am Fuße der hohen Felswände ein kleines Fischerdorf abzeichnet. Helle Steingebäude mit flachen Dächern und kleinen Fensterluken kauern hier aneinander. Seit ein paar Jahrzehnten erst, etwa seit den 1980er-Jahren, werden diese Dörfer mit Strom versorgt. Und weil die Regierung Wert darauf legt, dass die Dörfer nicht verlassen und die Fischertraditionen erhalten werden, bekommen die Menschen hier den Strom sogar zum halben Preis. »Und das Wasser«, erzählt Abdullah weiter, »wird überhaupt kostenlos geliefert.« Auf diese Weise soll der Umstand aufgewogen werden, dass einige dieser Dörfer nur schwer bzw. nur auf dem Seeweg erreichbar sind. Und man lässt den Menschen in diesen Dörfern auch ihre Ruhe und verschont sie vor neugierigen Touristen. Entsprechend groß ist der Abstand, den Kapitän Elais diskret zur Küste hält.

## Schippern mit Delfinen

Wenig später taucht mitten im Fjord eine kleine Felseninsel auf: Telegraph Island. Die meisten Ausflugsboote machen hier ihren ersten Zwischenstopp zum Schnorcheln. Eigentlich heißt die Insel Jazirat al Maqlab, doch weil die Briten Mitte des 19. Jahrhunderts dort auf halber Strecke zwischen Indien und London eine Telegrafenstation einrichteten, hat der Felsen heute auch diesen zweiten Namen. Lange haben es die royalen Kommunikationstechniker aber nicht ausgehalten. Zu heiß und zu langweilig

fanden die Briten es hier, weshalb sie die Insel nach fünf Jahren wieder verließen.
Abdullah macht verärgert Zeichen zum Weiterfahren. »Sehen Sie diese Boote dort?«, sagt er und zeigt auf vier andere Ausflugskähne. »Die setzen schon seit Jahren ihre Anker rund um die Insel, und heute ist von den ursprünglich prachtvollen Korallen an dieser Stelle nichts mehr übrig.« Wenig später erweist sich die Weiterfahrt als die richtige Entscheidung. Und zwar nicht nur wegen des Korallenschutzes, sondern weil sich plötzlich ein große Gruppe von Delfinen ein vergnügtes Wettrennen mit unserem Ausflugsboot liefert. Immer wieder tauchen die Meeressäuger neben dem Boot auf und wieder unter und reiten zwischendurch behende auf der Bugwelle. Die Delfine sind schneller als wir, haben aber ihren Spaß daran, sich immer wieder zurückfallen zu lassen. »Nur die Schmugglerboote sind schneller als die Delfine«, sagt Abdullah lachend und zeigt unvermittelt auf die andere Seite des Bootes. Und tatsächlich: Mit ungeheuerlichem Tempo rast eines der Fiberglasboote durch den Fjord, voll beladen mit Waren aus Khasab. Nach ein paar Seemeilen wird es das Hoheitsgebiet des Iran erreichen und sich dort von den Zollbehörden fernhalten.

## Meeresfrüchte und andere Schönheiten

In einer der nächsten Buchten gibt Abdullah Anweisung, vor Anker zu gehen. Nicht weit entfernt zwar von den Korallenriffen, die bis an die Meeresoberfläche schimmern, wohlweislich aber über sandigem Untergrund. Die Unberührtheit des Platzes macht neugierig. Glücklicherweise sind die meisten Boote für die Gäste mit allem ausgestattet, was man zum Schnorcheln braucht. Und so ist die Entscheidung bald getroffen. Wer will (und das ist in diesem Fall jeder an Bord), bekommt Flossen, Maske und Schnorchel ausgehändigt und kann damit die Welt unter der Wasseroberfläche erkunden, während an Bord das Mittagessen vorbereitet wird. Dort unten präsentiert sich eine lebendige und gesunde Welt: leuchtende Korallen, aufblitzende Anemonenfische und mit etwas Glück und Geduld auch die eine oder andere Schildkröte. Zu sehen gibt es jedenfalls so viel, dass die Zeit wie im Flug vergeht.
Aus der Bordkombüse kommen anschließend Reis, Gemüse, Fisch, Fladenbrot ... die Tafel ist reich gedeckt. »Sind eigentlich die Seeigel im Meer essbar?«, will Soraya aus Paris wissen. »Klar«, antwortet Abdullah, schnappt sich eine Maske und ist wenig später mit einem Exemplar an Bord.
Am Ende des Tages, als das Boot wieder im Hafen von Khasab anlegt, sind alle versprochenen und in Aussicht gestellten Highlights erfüllt, inklusive des Erforschens des Wracks auf der Rückfahrt. Ob das bei jedem Dau-Ausflug so ist? Für Abdullah gibt es da nur eine Antwort: »Inshallah«, sagt er und lächelt zum Abschied.

### AUSFLÜGE IN KHASAB

Es gibt mehrere Tourunternehmen in Khasab, und alle bieten mehr oder weniger dieselben Ausflüge an. Doch das »Musandam Sea Adventure« von Abdulfattah ist das mit der längsten Erfahrung in diesem Bereich. Egal ob über Land oder über und im Wasser, er bietet alles, was das Besucherherz begehren kann. Die Frage, ob man sich überhaupt einem Touroperator anvertrauen sollte, muss jeder für sich beantworten, denn natürlich kann man auch ein Auto mieten und sich auf eigene Faust auf den Weg machen und auch mit den Dau-Skippern direkt verhandeln. Empfehlenswert ist in Musandam ein Begleiter aber auf jeden Fall. Dann bekommt man letztendlich auch mehr zu sehen, denn die Fahrten durch die Berge z. B. beanspruchen so viel Konzentration und Aufmerksamkeit, dass zumindest der Fahrer von dem Ausflug nicht allzu viel hat. Davon abgesehen haben die Tourunternehmen auch gute Verbindungen zu den Ausflugsbooten und können einschätzen, bei welchem es sich wirklich lohnt, mitzufahren.

### WEITERE INFORMATIONEN

www.msaoman.com

# Dubai

## Eine Wüstencity als Weltmetropole

Dubai: Der realisierte Traum aus dem Nichts. Eine blühende Stadt, aus der Wüste gebaut, die rund um Dubai noch immer zu (Fahr-) Abenteuern lockt. Die farbenprächtige, mit üppigen floralen Motiven ausgestaltete Lobby des Hotel Atlantis auf »The Palm« (links).

Schardscha
Persischer Golf
Deira Islands
Port Rashid
Deira
44 Deira Gold Souk
al-Bastakiyya 43
Al Raffa
Port Saeed
Flughafen Dubai DXB
Al Hudaiba
Al Karama
Al Garhoud
Al Bada'a
Al Jadaf
Al Rashidiya
Al Satwa
Bur Dubai
The World
Dubai Mall
Dubai Creek
Dubai Creek
Al Wasl
41
Dubai Opera
Burj Khalifa
Dubai Design District
Al Safa
Business Bay
Ras Al Khor
Al Quoz
Al Marqadh
Meydan
Al Manara
DUBAI
42 The Palm Jumeirah
Dubai Hills
Nad Al Sheba Nature Reserve
Al Barsha
Wadi Al Safa Wildlife Reserve
Dubai Internet City
Dubai Marina Mall 45
Jumeirah Park
Jumeirah Village Circle
Motor City
The Gardens
Al Furjan
0
N
5 km

# Auf Überholspur im Morgenland

**Berühmte Superlative: vom höchsten Bauwerk der Welt zu künstlichen Palmeninseln, so gewaltig, dass man sie noch vom Mond aus sehen kann; die edelsten Shoppingmalls, die höchstdotierten Sportveranstaltungen. Angekommen in Dubai stellen Sie dann fest, dass dieses Emirat mit seiner Dynamik und Lebendigkeit jeden in seinen Bann zieht.**

Immer schneller wächst Dubai heran, die ungezählten Baustellen, die noch vor Kurzem das Bild prägten, verschwinden. Neue, prächtige Stadtviertel sind entstanden, immer weiter dehnt sich die Metropole in die Wüste aus. Am besten Sie starten dort, wo alles begann, wo die Wurzeln des historischen Dubai liegen: am Creek, dem natürlichen Meeresarm, der weit ins Land hineinreicht, für lange Zeit die Lebensader Dubais. Wenn Sie hier entlangschlendern, scheint die Zeit tatsächlich stillgestanden zu haben.

## Viel Leben rund um den Creek

Nach wie vor liegen die ziemlich marode aussehenden, aus Holz gefertigten schweren Lastkähne vor Anker, die typischen arabischen Daus, schwer beladen mit Fracht aus aller Welt. Schilder weisen den Weg zu den Suqs. Ganz in der Nähe zum Creek liegen die Gewürzgassen, werden Stoffe und Lebensmittel verkauft, ein Stück weiter gelangen Sie zum legendären Gold Suq, um die Mittagszeit allerdings ziemlich ausgestorben. Erst nach Einbruch der Dämmerung wird es hier so richtig spannend, und es glitzert glamourös. Mit einem alten Lastkahn, der als Fähre umfunktioniert wurde, geht es in wenigen Minuten über den Creek. Der schwere Dieselmotor tuckert laut und gleichmäßig, es riecht nach Salzwasser, und Sie sind umgeben von pakistanischen und indischen Gastarbeitern. Auf der anderen Seite liegt Bastakiya, Dubais altes Händlerviertel. Die mächtigen und aus Korallenkalkstein erbauten Windturmhäuser beherbergen heute Shops und Cafés, Galerien, Restaurants und sogar kleine, entzückende Herbergen. Hier können Sie im altarabischen Stil wohnen!

## Einmal ganz nach oben

Mit der Metro geht es dann anschließend weiter auf Entdeckungstour. Zunächst steuern Sie den Burj Khalifa an. Der gigantische Wolkenkratzer ist das Zentrum von Downtown Dubai, zu seinen Füßen der Dubai Lake, allabendlich Schauplatz von Wasserspielen. Von der Aussichtsplattform in der 124. Etage und in 442 Meter Höhe liegt Ihnen ganz Dubai zu Füßen. Gleich daneben geht es in die Dubai Mall, einen Konsumtempel, in dem auch das Aquarium untergebracht ist. Die Haie, Rochen und Seepferdchen hinter einer zweistöckigen Panzerglasscheibe begegnen einem auf Shoppingtour zwischen Armani und Zara. Kultur gefällig? Die nahe Dubai Opera wurde im Stile einer gläsernen Dau errichtet, es lohnt sich, hier an einer knapp einstündigen Besichtigungstour teilzunehmen. Oder Sie fahren mit dem Aufzug ganz nach oben, wo es ein edles Restaurant mit Austernbar und Dachterrasse gibt, von der aus die Spitze des Burj Khalifa zu sehen ist.

## Schneller, höher, teurer

Die Metro bringt Sie weiter zur Marina, dem Ausgeh- und Flanierviertel. Tolle Spazierwege und Joggingstrecken führen um die vielen Hafenbecken der langgestreckten Marina, vor Anker liegen – wir sind in Dubai! – beeindruckende Luxusjachten. Nicht weit entfernt ist es von hier aus auch zum Meer und zum berühmten Jumeirah Beach. Mit dem Taxi oder der Monorail fahren Sie zur Palm Jumeirah, Dubais berühmter künstlicher Insel in Form einer Palme, und genießen einen Spaziergang auf dem Boardwalk, der vor dem legendären Atlantis Hotel am Wasser entlangführt.

Mit 828 Metern ist der Burj Khalifa das höchste Gebäude weltweit und dominiert die Skyline von Dubai. Ein Besuch der Aussichtsplattform dieses beeindruckenden Bauwerks ist ein absolutes Muss!

### MIT BLICK AUF BURJ KHALIFA

Essen gehen in Downtown Dubai ist nicht immer günstig. Auch die Dubai Mall stellt hier keine Ausnahme dar. Eine tolle Auswahl an stimmungsvollen kleinen Cafés und Restaurants finden Sie allerdings im Untergeschoss des berühmten Einkaufszentrums. Eher versteckt untergebracht sind hier auch zwei nette Selbstbedienungscafés. Diese besitzen sogar zwei große Terrassen im Freien, von wo aus Sie die tolle, im opulenten arabischen Stil gestaltete Umgebung von Downtown Dubai samt des Burj Khalifa so richtig genießen können.

### WEITERE INFORMATIONEN

**Café Tim Hortons**, Lower Ground Floor, Dubai Mall
**Café Social House**, Lower Ground Floor, Dubai Mall
**Bayt al Wakeel**, Terrassenrestaurant am Dubai Creek, Bastakiya, Tel. 971 43 53 05 30, www.wakeel.ae

Verpflichtung zwischen modernem Management und alter Tradition. Dubai: Vom Reißbrett in die Realität. Innerhalb kurzer Zeit entstand mit der Dubai Marina eine hochmoderne Hochhausstadt – hier der Marina Walk mit zahlreichen Restaurants, Cafés und Geschäften (rechts).

# 40 Dubai heute

## Die 1002. Nacht

**Es gibt viele Bilder und Schlagwörter für eine Beschreibung von Dubai. »Zurück in die Zukunft« ist eine der Überschriften, »Das Märchen aus der 1002. Nacht« eine andere. Immer steht dabei ein besonderes Charakteristikum dieses besonderen Emirats im Mittelpunkt: Hier ist in vergleichsweise kurzer Zeit etwas entstanden, was vorher einfach nicht da war.**

Dubai wächst, Dubai blüht, Dubai gedeiht. Dass das alles genauso wenig selbstverständlich wie überraschend ist, ist nur einer der vielen Widersprüche, auf den die Stadt gebaut ist. Auf Widersprüche wohlgemerkt, nicht auf Sand. Denn Dubais Entwicklungsplan mag gewagt gewesen sein, Fundamente hatte die Idee aber von Anfang an, finanzielle natürlich, aber auch konzeptuelle.

Rund 3,3 Millionen Einwohner hat Dubai heute, von denen rund 85 Prozent in der Stadt selbst leben. Das wirtschaftliche, soziale, kulturelle und natürlich das politische Leben spielt sich hauptsächlich in Dubai City ab. Wie viele Menschen aber tatsächlich in Dubai leben, ist schwer zu sagen und verändert sich von Monat zu Monat. Zum einen, weil es rund eine Viertelmillion Arbeitsmigranten gibt, die hier bei Bedarf beschäftigt werden, zum anderen, weil die Fluktuation ausländischer Mitarbeiter internationaler Firmen in Dubai enorm hoch ist. Und das wohlgemerkt in einer Gegend, die vor ein paar wenigen Jahrzehnten international noch gar kein Thema war. Dubai war die längste Zeit seiner Geschichte zuerst eine Siedlung von Perlentauchern, die sich diesseits und jenseits des langen Meeresarms, des Creek, ansiedelten und hier ihr Glück versuchten, dann ein Umschlagplatz für Waren aus aller Welt.

### Der Beginn der Gegenwart

Die Herrschaft der heute regierenden Familie Al Maktoum begann im Jahr 1833 – und mit ihr die Unabhängigkeit von Abu Dhabi. Andere

SADAF صدف
BEACH WALK
BAHAR بحر
RIMAL رمال
AMWAJ أمواج
SHAMS شمس

Golfplatz-Luxus und Luxusmärkte, hier der der Suq Madinat Jumeirah, ein originalgetreu nachgebauter Suq, der v. a. Antiquitäten, Kunsthandwerk und Lebensmittel feilbietet (unten). Dubai ist das Land des Machbaren (oben). Im Millennium Plaza Hotel (rechts unten).

Daten sind noch viel erstaunlicher: Erst vor rund 50 Jahren entließ Großbritannien, das seit 1853 außenpolitisch und militärisch für Dubai verantwortlich war, die Al Maktoums in ihre eigene Verantwortung. Und was seit dieser Zeit alles passiert ist und trotz aller Schwierigkeiten zwischen Immobilienkrise und Islamisten-Radikalisierung geschaffen wurde, grenzt an ein kleines Wunder.
In diesem Zusammenhang darf man vielleicht nach dem Unterschied zwischen einem Spinner und einem Visionär fragen. In Dubai, wo man inzwischen schon fast daran gewöhnt ist, Skigebiete in der Wüste, Restaurants unter Wasser, Büros in der Luft und selbst gemachte Inseln zu haben, kommt diese Frage immer wieder auf. Eines ist sicher: Dubai ist eine Kategorie für sich, und so ziemlich gar nichts von dem, was heute oder auch im Lauf der Geschichte dieses vergleichsweise kleinen Emirats bewegt wurde, kann man mit normalen Maßstäben beurteilen. Der Plan der Tourismusentwickler Dubais war dabei schon immer denkbar einfach: Man wollte und will sich auf dem internationalen Reisemarkt als Destination positionieren, die zu jeder Jahreszeit und für jeden Touristen eine Alternative oder sogar die bessere Wahl ist. Kein Wunder also, dass Dubai schon heute sowohl für Wintersportler, Athleten, Taucher, Wanderer als auch für Technikfreaks ein erstrebenswertes Reiseziel ist und mittlerweile sogar auch für den Opernliebhaber und Kulturinteressierten viel zu bieten hat.

## Zurück in die Zukunft

Ein Blick in die jüngste Vergangenheit: Das 21. Jahrhundert hat gerade begonnen, die Immobilienkrise ist noch weit entfernt, und die Leute des Emirs von Dubai starten eine Informationsoffensive, um die Zukunft Dubais im Bewusstsein der Welt zu verankern. Einer jener Menschen, die mit ebendieser Mission unterwegs waren, war Saif Sultan Al Shamsi. An einem Frühlingstag der Jahrtausendwende positionierte er sich in seinem leuchtend weißen Gewand vor einer Gruppe internationaler Journalisten und klang wie ein professioneller Managementtrainer. »Alles ist möglich, man muss es nur wollen«, sagte er. Kurz davor hatte der Managing Director des größten Bauprojektes in Dubai veranlasst, das damals neueste Megaprojekt Dubais plastisch darzustellen: neues Land, einfach so, ins Meer gebaut, weil die Küstenlinie zu klein für den erwarteten Touristenansturm war.
»The Palm« (Die Palme), so erklärte er damals, sei ein in die Zukunft weisendes Projekt.

In Zahlen ausgedrückt handelt es sich dabei um eine eineinhalb Milliarden US-Dollar teure Stadt, die ins Meer gebaut wird und damit die Küste des Emirats um 120 Kilometer verlängert. 3000 neue Wohnungen und Häuser, Villenviertel, Hoteldistrikte, Jachthäfen und Abenteuerparks sollten hier entstehen, und zwar auf einer Fläche in der Form einer Palme. Am Ende sollte das eindrucksvolle Bauwerk wie die Chinesische Mauer vom Weltall aus zu sehen sein. »Es wird das achte Weltwunder werden«, sagte Saif Sultan damals, »und wir wollen drei davon.«

## Und tatsächlich: Realität

So sehr Saif Sultan damals auch überzeugte und beschwichtigte, ein kleiner, leicht spöttischer Zweifel hing irgendwo zwischen dem Lächeln und dem Staunen der internationalen Gäste. Doch – wie sich nur wenige Jahre später herausstellte – völlig zu Unrecht. Die Arbeiten an der ersten Palme sind längst abgeschlossen und das sogar noch ehrgeizigere Projekt (»The world«) hat das Ziel Dubais, der Spezialist für das Ermöglichen des Unmöglichen zu werden, zweifelsohne realisiert. Kein Wunder war es in diesem Zusammenhang, dass auch Mega-Produzenten wie Tom Cruise und sein »Mission-Impossible-Franchise« in Dubai bemerkenswerte Szenen drehten.

Saif Sultan, der in den Anfängen dieser Reise davon erzählte, kannte die Bedenken seiner Kunden. Mit funkelnden Augen sagte er damals: »Sie glauben, das alles ist übertrieben? Sie glauben, es ist verrückt, ins Meer zu bauen, wo so viel Wüste um uns herum ist?« Jedes beschwichtigende Dementi kam zu spät, Saif Sultan antwortete schneller: »Es ist nicht übertrieben, es ist nur großartig. Wir haben die Möglichkeit, die Mittel und die Fähigkeit, die besten Köpfe an einen Tisch zu bringen, um ein solches Projekt zu verwirklichen. Warum sollten wir es also nicht tun?«

Kurz gefasst ist das genau der Geist, der das Emirat Dubai besonders kennzeichnet, und natürlich gibt es heute genauso wie damals keinen Anlass, Saif Sultan zu widersprechen. Im Gegenteil: Wer heute nach Dubai kommt, sieht die vor 20 Jahren angekündigten Projekte selbstbewusst im gleißenden Licht der Wüste leuchten. Es fühlt sich ein bisschen an wie New York, was Absicht ist, und ein bisschen wie Las Vegas, was vielleicht nicht geplant war. Aber es ist auf fast unwirkliche Weise real, und das Wandeln zwischen den Wolkenkratzern ist zudem aufregend und spannend.

## DER DUBAI CREEK IM WASSERTAXI

Den besten ersten, billigsten und schönsten Eindruck von der Skyline Dubais bekommt man während einer Fahrt auf einem Abra, dem typischen Wassertaxi auf dem Creek. Diese kleinen Boote ersetzen im Zentrum Dubais die fehlenden Brücken und bringen einen in kürzester Zeit von der einen Seite, Bar Dubai, wo die Konsulate angesiedelt sind, auf die andere Seite, nach Deira, dem Stadtteil der Skyline und der Märkte. *Bar* bedeutet auf Arabisch übrigens nicht dasselbe wie auf Englisch, sondern eher im Gegenteil: *Bar* heißt Wüste. Das Überqueren des Creek kostet einen Dirham, also umgerechnet 20 Cent. Wenn man das Boot alleine haben will, kostet es 20 Dirham, und eine lohnenswerte Fototour von 30 Minuten kreuz und quer über den Meeresarm kostet 60 Dirham.

## WEITERE INFORMATIONEN

www.dubaiabudhabi.com

# 41 Burj Khalifa

## Das höchste Gebäude der Welt

**Dubai greift immer wieder nach den Sternen – das Beispiel par excellence ist natürlich das höchste Gebäude der Welt, das mit 828 Metern alles überragt, was bisher überhaupt je gebaut wurde. Und natürlich wird dieses architektonische Wunderwerk jeden Tag und jeden Abend entsprechend in Szene gesetzt und hat damit das Burj Al Arab als Wahrzeichen des Stadtstaates fast schon abgelöst.**

Der Plan des Scheichs klang simpel: Er wollte ganz einfach einen Akzent setzen, der weit über Dubai hinaus zu sehen sein sollte. Insofern ging es von vornherein nicht darum, eine Immobilie zu bauen, die eine gute Investition sein sollte, sondern eben darum, das höchste Haus der Welt zu präsentieren. Allerdings standen vor der Verwirklichung dann doch mehr Probleme, als man zu Baubeginn abschätzen konnte. Dabei waren es nicht mal Probleme architektonischer Natur, sondern wirtschaftliche, sozusagen globale, die auch in Dubai explodierten wie eine Seifenblase. Das ist übrigens auch der Grund dafür, dass dieses höchste Hochhaus der Welt nicht, wie ursprünglich geplant, Burj Dubai, also »Turm von Dubai« heißt.

Als man dabei war, das Hochhaus fertigzustellen, brach die Immobilienkrise über die USA, die Welt und auch Dubai herein, was dazu führte, dass mit einem Mal die Immobilienwerte halbiert wurden. Das Problem war zu diesem Zeitpunkt gar nicht mal dieser spezifische Baugigant selbst, sondern die Tatsache, dass man in Dubai parallel dazu an vielen Großbaustellen arbeitete. Schließlich sollte das höchste Gebäude der Welt ja nicht ein einsamer Turm werden, sondern das Zentrum eines ganz neuen Stadtteils, Dubai Downtown. Im entscheidenden Moment sprang das

Burj Khalifa: Der realisierte Rekord, das höchste Hochhaus der Welt (rechts oben). Wasserspiele in der Wüstenstadt (unten): Die Dubai Fountain im künstlich angelegten See direkt unterhalb des Hotelturms ist – natürlich – auch die höchste Wasserfontäne der Welt.

Emirat Abu Dhabi ein und überwies dem Scheich Mohammed Bin Rashid Al Maktoum unbürokratisch und aus Solidarität die Kleinigkeit von 35 Milliarden Dollar. Nicht als Leihgabe wohlgemerkt, sondern als Geschenk. Als das höchste Hochhaus der Welt deshalb am 4. Januar 2010 eröffnet wurde, wurde es gleichzeitig auch umgetauft und trägt seither den Vornamen von Khalifa bin Zayid Al Nahyan, Scheich von Abu Dhabi.

## Gesammelte Weltrekorde

Die Zahlen im Zusammenhang mit dem Burj Khalifa sind schwindelerregend. Mit 189 Stockwerken ist es das derzeit höchste Bauwerk der Welt. Es ist das Gebäude mit der höchsten genutzten Etage, hat das höchste Dach und die zweithöchste Aussichtsplattform. Insgesamt 22 Millionen Mannstunden wurden für den Bau benötigt, zum Teil zu horrend niedrigen Löhnen. In Spitzenzeiten sollen gut 12 000 Arbeiter gleichzeitig am Bau gearbeitet haben. Da der Turm nach oben hin immer enger wird, gibt es offiziell »nur« 163 nutzbare Etagen, wovon 49 Etagen für Büros und vier für den Fitness- und Wellnessbereich genutzt werden. Vier der fünf obersten Stockwerke stehen dem Konzernchef der für den Turm verantwortlichen Baufirma, Emaar Properties, als persönliche Büroräume zur Verfügung, und ganz oben wurde eine Moschee untergebracht. Die restlichen Etagen beherbergen 1044 Apartments, von denen 144 zum weltweit ersten »Armani Hotel and Residences« gehören.

## Erhaben über dem Emirat

Auf etwa 452 Metern über dem Boden, im 124. Stock, liegt die Aussichtsplattform. Hoch gelangt man mit 57 Aufzügen und acht Fahrtreppen. Die Förderhöhe der Hauptaufzüge des Gebäudes beträgt 504 Meter – mehr als in jedem anderen Hochhaus der Welt. Zur Aussichtsplattform führen zwei Doppeldeckaufzüge, die natürlich zu den schnellsten Aufzügen der Welt gehören. Der »Aufflug« lohnt sich. Denn von oben hat man einen atemberaubenden Blick über das Stadtgebiet. Es empfiehlt sich, die Wasserspiele abzuwarten – vorausgesetzt, man ist zwischen 18 und 22 Uhr dort oben. Denn dann ist Showtime angesagt!

## ONLINE TICKETS KAUFEN

Aus organisatorischen Gründen und auch aus ökonomischen Überlegungen lohnt es sich, die Tickets für die Fahrt auf die Aussichtsplattform des Burj Khalifa rechtzeitig online zu kaufen. Die meisten Hotels helfen einem dabei, die Tickets vorzubestellen, aber man kann das natürlich auch von zu Hause aus erledigen, wenn man schon vor Reisebeginn weiß, wann man auf den Turm will. Weniger erquicklich ist das Sich-Einreihen in die Warteschlange beim Eingang. Zum einen weil es durchaus sein kann, dass man über Stunden keine Chance hat, dranzukommen, zum anderen weil es teurer ist. Übrigens gibt es, wie bei vielen Vergnügungsparks, Vorzugstickets. Diese kosten zwar rund viermal so viel wie das normale Ticket, aber dafür muss man tatsächlich auch nicht so lange warten. Wenn man mal auf der Aussichtsplattform ist, drängt einen keiner, sie schnell wieder zu verlassen. Davor geht es aber ein bisschen zu wie auf einem Flughafen beim Check-in. Fotografieren ist aber grundsätzlich kein Problem.

## WEITERE INFORMATIONEN

**Burj Khalifa**, 1 Emaar Boulevard, Downtown Dubai, contactcentre@burjkhalifa.ae;
**At The Top**, Burj Khalifa, info@atthetop.ae, www.burjkhalifa.ae,
Ticketkauf: www.burjkhalifa.ae

Landgewinnung in Palmenform. Sowohl Privathäuser als auch Hotels wurden angesiedelt (oben). The Bridge – in dieser befindet sich die Luxussuite des Hotels Atlantis (rechts).

# 42 The Palm

## Eine Vision wird Realität

**Die Grundfläche dieser neuen Siedlung hat die Form einer »Palme« – das macht natürlich ein schönes Motiv für Luftaufnahmen, zudem gilt die Dattelpalme im arabischen Raum als Lebensbaum. Für jeden neugeborenen Menschen wird eine neue Palme gepflanzt. Die Lebenserwartung von Mensch und Palme ist ungefähr gleich, weshalb der Neuankömmling im übertragenen Sinn schon für sein Leben ausgesorgt hat.**

Wie sehr wurde ab dem ersten Moment, als die Idee von The Palm vorgestellt wurde, über das Projekt gewitzelt, wie sehr gespöttelt, und doch ist die Vision heute Realität geworden. Auf dem Weg dorthin mussten zwar einige massive Probleme gelöst werden, doch heute beherbergt dieses realisierte Bauprojekt auch weit mehr als nur die zahllosen Gäste, die etwa im Hotel Atlantis Urlaub machen. Die Palm Islands sind der Beweis dafür, dass es nicht so schlimm ist, wenn man am Anfang eines Projekts belächelt wird, solange man am Ende, zum Beispiel am Eröffnungstag, in alle Kameras der Welt strahlen kann. Und genau das passierte, als The Palm im November 2008 offiziell präsentiert wurde. Zu diesem Zeitpunkt war zwar noch nicht alles fertiggestellt, was geplant war, aber immerhin war der Großteil der Villen, Apartments und Wohnblocks bezugsfertig, und weil der Scheich diesen Tag auch ordentlich auskosten wollte, ließ er sich allein die Eröffnungsfeier rund 20 Millionen Dollar kosten. Im Vergleich zu den Gesamtkosten der neuen Insel war das ohnehin nur mehr ein Klacks.

### Wohnen auf der »Palme«

Einige Tausend Villen und Ferienhäuser waren bis zu diesem Tag auf »The Palm, Jumeirah« realisiert worden. Jede einzelne dieser Villen, die auf den »Palmzweigen« der neuen Insel stehen, hat ihren eigenen Privatstrand, während zwi-

Die Bar des Atlantis-Hotels (oben) und die Autos der Gäste (unten) – Luxus in jeder Form. Auch ein spektakuläres Aquarium ist Teil des »Atlantis« (rechts oben).

schen den großen Wohnblocks auf dem »Stamm« der »Palme« auch etwa 30 größere Hotels stehen. Im Design wurde nichts dem Zufall überlassen, und so unterscheiden sich die Immobilien thematisch und architektonisch voneinander. Lange bevor die »Palme« als solche erkennbar war und während noch die ersten Landaufschüttungen in Gange waren, trat die Baufirma des Scheichs mit farbig und präzise gezeichneten Bildern an die Öffentlichkeit, anhand derer Interessenten sich einen Baustil

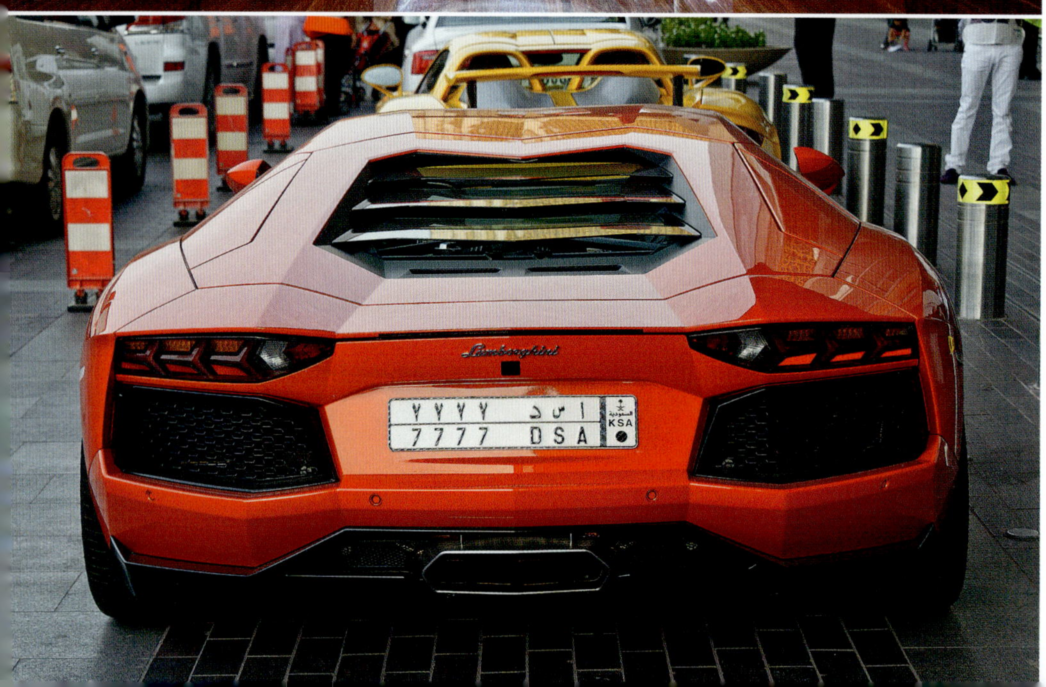


nach dem persönlichen Geschmack aussuchen konnten. Es gab italienisch anmutende Villen, arabische Paläste, britisch wirkende Häuser, die alle zu vergleichsweise erschwinglichen Preisen zu erwerben waren. Tatsächlich zeigten einige Investoren Interesse, und wer damals schlau oder vermögend genug war, die veranschlagte halbe Million US-Dollar hinzublättern, kann heute ein gutes Geschäft machen. Denn trotz aller Immobilienpreiseinbrüche, die es in den vergangenen Jahren gegeben hat, die Villen sind heute mehr als doppelt so viel wert wie vor Baubeginn. Und die meisten Probleme, die im Wasser zwischen den »Palmwedeln« am Anfang bestanden, konnten inzwischen gelöst werden.

## Probleme sind zum Lösen da

Irgendwie hatte man in der Planungsphase nämlich unterschätzt, wie wenig Wasseraustausch in den Kanälen zwischen den »Palmwedeln« stattfinden kann. Die Folge wären größere Algenbildungen und ein wenig ansehnliches Meer gewesen. Doch dann wurde der Wellenbrecher, der die gesamte »Palme« umgibt, an zwei Stellen aufgerissen, und das Problem war gelöst. Niemand nahm es dem Bauherrn übrigens übel, dass solche Zwischenfälle passierten. Schließlich war die ganze Idee so neu und einzigartig, dass jeder davon ausgehen musste, dass man einige Probleme erst in der realen Bauphase entdecken und lösen können würde.

Wie viel der Bau der Insel letztendlich tatsächlich kostete, ist heute gar nicht so leicht zu sagen. Offiziell werden die Kosten für den rohen Bau mit rund 1,5 Milliarden US-Dollar beziffert. Da aber dazu noch einige Infrastrukturprojekte gehörten und auch eine eigene Bahn auf die Insel, Brücken und der Tunnel zwischen dem »Hauptstamm« und dem oberen Wellenbrecher realisiert werden mussten, schätzt man die gesamte Bausumme auf etwa zehn Milliarden US-Dollar. Aber selbst das ist eine Summe, die für ein Emirat wie Dubai noch kein Grund ist, weiche Knie zu bekommen.

## Leben in einer irrealen Wirklichkeit

Heute ist das Hotel Atlantis, das genau in der Mitte des großen Wellenbrechers steht, zur bekanntesten Landmarke der Insel geworden. Abgesehen natürlich von der Palmeninsel selbst. Und tatsächlich: Das Gebäude ist erstaunlich. Auffällig ist auf den ersten Blick vor allem die große Brücke, die die beiden Türme des Hotels verbindet. Im Inneren dieser Brücke befindet sich ein weiterer Rekord des Emirats: die teuerste und luxuriöseste Suite der Welt. In der Royal Bridge Suite wohnt man auf 924 Quadratmetern Grundfläche, hat natürlich eigenes Personal, einen Esstisch für 18 Personen – und bezahlt dafür einen Preis von rund 30 000 Dollar pro Nacht.

Das wirklich Erstaunliche am Atlantis ist aber gar nicht diese Brückensuite, sondern die Tatsache, dass die restlichen 1500 Gästezimmer des Hotels von durchaus normal vermögendem Publikum gebucht werden können. Mehr noch: Das Atlantis gehört heute bei vielen Dubai-Pauschalangeboten zum Paket, und man zahlt nicht wesentlich mehr als bei einem Pauschalangebot ohne Übernachtung im Atlantis. Dafür bekommt man dort aber auch einen gigantischen Vergnügungspark mitgeliefert und – ganz nebenher – ein Aquarium, in das elf Millionen Liter Wasser und rund 65 000 Meerestiere passen. Beeindruckend präsentiert sich diese Unterwasserwelt hinter den 77 Zentimeter dicken Acrylwänden. Und natürlich scharen sich um dieses Aquarium nicht nur Hotelbesucher, die den Tieren zusehen, sondern auch Restaurants, in denen man mitunter das angeboten bekommt, was gleichzeitig im Aquarium an einem vorbeischwimmt.

## Alles, was Rang, Namen und Geld hat

Wurden hier noch weitere Rekorde gebrochen? Aber klar. Sehen wir uns z. B. die erwähnte Eröffnungsfeier genauer an. Natürlich spielte damals das Hotel Atlantis eine zentrale Rolle für die Inszenierung. Schließlich wusste der Chef des Hauses, Sol Kerzner, der schon für das erste Megahotel dieser Art auf den Bahamas verantwortlich war, was man der Welt in einem solchen Fall schuldet. Ein 15 Minuten lang dauerndes Feuerwerk zum Beispiel, das mutmaßlich das größte und teuerste Einzelfeuerwerk aller Zeiten gewesen ist. Oder ein einstündiger Auftritt von Kylie Minogue, für das der Star 3,5 Millionen Dollar Gage verlangte. Außerdem wird gemunkelt, dass David und Victoria Beckham, die bei der Party gesehen wurden, für die bloße Anwesenheit eine Million Dollar bekommen haben sollen. Das alles braucht einen am Ende aber gar nicht zu wundern. Denn wenn man schon mal einen architektonischen Meilenstein ins Meer setzt, dann soll er natürlich auch gesehen werden. Und das ist The Palm ohne Zweifel gelungen. Und zwar in Wahrheit nicht erst heute, seit man eine Woche im Atlantis buchen kann, sondern schon ab dem ersten Moment, in dem über die Idee einer Riesenpalme vor der Küste Dubais gesprochen wurde.

### UNTERWEGS AUF DER »PALME«

Natürlich gibt es in Dubai inzwischen ein öffentliches Straßenbahnnetz, das allein schon einen Besuch wert ist. Schon heute kann man sowohl die Dubai Metro als auch die Monorail der Palmeninsel benutzen und bekommt jeweils ein schönes Erlebnis mitgeliefert. Das Monorailsystem wird – wie die überwiegenden Strecken der Dubai Metro – auf Viadukten geführt. Wenn die gesamte Strecke fertig sein wird, werden die fahrerlos laufenden Wagen auf ihren eigenen Viadukten auch Gewässerflächen überqueren, was bei den vielen vor der Küste und im Inland Dubais entstehenden künstlichen Inseln, Buchten und Kanälen wichtig sein wird. Die Dubai Metro erhielt 2012 als weltweit größtes fahrerloses Bahnsystem sogar einen Eintrag im *Guinness-Buch der Rekorde*. Im Endausbau, der für das Jahr 2030 geplant ist, wird das gesamte Schienennetz 420 Kilometer umfassen. Da ist allerdings noch viel zu tun. Die existierende »Red Line« ist etwas mehr als 50 Kilometer lang, die »Green Line« ist etwa halb so lang.

### WEITERE INFORMATIONEN

www.rta.ae;
http://dubaimetro.eu;
**Atlantis Hotel:** www.atlantisthepalm.com

Dubai Palm Atlantis –
Einkaufspassage im Hotel.

# 43 Bastakiya

## Das alte Dubai

**Wenn man zwischen den modernen Häuserschluchten des neuen Dubai auf der Deira-Seite des Creek traumwandelt, kann man sich kaum vorstellen, dass es in Dubai auch noch einen alten Stadtteil gibt, der einen ein bisschen in das traditionelle arabische Leben zurückführt. Dass es diesen Stadtteil noch gibt, ist nicht zuletzt dem Drängen eines europäischen Prinzen zu verdanken.**

Der Name Bastakiya verrät schon etwas über die Geschichte dieses Schmuckstücks auf der Wüstenseite Dubais. Denn der heute unter Denkmalschutz stehende Stadtteil, der zusammen mit Schindagha zu den ältesten Wohngegenden Dubais gehört, ist nach der Stadt Bastak im Iran benannt. Von dort stammten viele der ersten Bewohner Bastakiyas. Weil sie in ihrer Heimat, wo die Schiiten das Sagen haben, wegen ihrer sunnitischen Glaubensrichtung unterdrückt wurden, verließen sie den Iran und verteilten sich über verschiedene Golfstaaten, darunter Schardscha, Bahrain, Kuwait und eben Dubai.

Gebaut wurde das Viertel Ende des 19. Jahrhunderts, und zwar mit einigem architektonischen Pfiff. Berühmt sind vor allem die alten persischen Windtürme, mit denen die Wohnräume gekühlt werden. Badgir heißen diese Türme, und das Prinzip ist denkbar einfach: Die Höhe des Turms und die natürlich-physikalische Wärmeströmung bewirken einen Kamineffekt, mit dem frische Luft über die Kanäle im Turm durch das Gebäude strömt und die Wohnräume klimatisiert. Auch heute noch wird das Prinzip beherzigt, und wer in diesen Häusern wohnt, zieht sie häufig den modernen Klimaanlagen vor.

Die wiedergewonnene Tradition: Die Bastakiya ist der älteste Stadtteil Dubais. Das alte Viertel wurde restauriert und wiederbelebt (unten). Dubai Creek, Lebensader von Dubai: Auch in dieser modernen Zeit wird hier noch Handel betrieben, aber nicht mehr so viel wie früher (rechts oben).

## Erhaltene Geschichte

In den ersten Jahren bestand Bastakiya aus rund 60 Häusern, die zusammen ein charmantes verwinkeltes Zentrum bildeten. Auch heute noch spürt man die Stimmung dieser ersten Zeit, und dass das noch so ist, liegt zum einen an der demografischen Entwicklung von Bastakiya und zum anderen am Einfluss des britischen Thronfolgers Prinz Charles.

Traditionell war Bastakiya eine Hochburg wohlhabender Bewohner Dubais. Mit dem Aufblühen der Ölwirtschaft zogen viele reiche Familien aber in andere Stadtteile und überließen die alten Häuser ausländischen und weniger vermögenden Familien. Die hatten nicht die Mittel, die Häuser zu sanieren. Immer wieder gab es in den Jahren danach Pläne, das gesamte Viertel abzureißen. Offenbar entsprach es nicht mehr dem modernen Zeitgeist, dem sich Dubai und seine Verwalter verschrieben hatten, und an ein Geschichtsmuseum wollte damals auch noch niemand denken. Dann, irgendwann in den 1990er-Jahren, kam Prinz Charles nach Dubai und flanierte bei dieser Gelegenheit auch durch die engen Gassen Bastakiyas. Als er erfuhr, dass das Viertel abgerissen werden sollte, soll er sich persönlich beim Scheich dafür eingesetzt haben, dass es erhalten blieb. Immerhin verbanden Dubai und das britische Königshaus so starke historische Bande, dass die Bitte des Prinzen genügend Gewicht hatte. Und so wurde Bastakiya zu dem, was es heute ist: ein Künstler- und Kulturviertel, das 2005 behutsam restauriert wurde und sich nun mit Galerien, Ausstellungen und Museen sehenswert präsentiert.

## Gelebte Tradition

Längst ist Bastakiya über sich hinaus gewachsen, geht heute über in das südlich des historischen Viertels liegende und nicht minder geschichtsträchtige Al Shindagha, Geburtsort von Scheich Mohammed bin Rashid Al Maktoum. Dessen Palast, in dem schon sein Großvater lebte (Saaed Al Maktoum House), kann besichtigt werden, ebenso wie zahlreiche weitere und kleinere Museen. Der fußgängerfreundliche Shindagha Historic District wurde in den letzten Jahren aufwendig restauriert und vergrößert: Kleine, enge und gewundene Gassen, Höfe und jede Menge alte, restaurierte und aus Lehm und Korallenkalk erbaute Windturmhäuser laden zu Entdeckungen ein. Der Creek ist immer in Sichtweite, und Besucher werden in die Zeit der früheren Händler und Perlentaucher zurückversetzt.

## DAS ALTE ARABIEN ERLEBEN

Im Zentrum von Bastakiya fällt ein kleines Hotel ins Auge, das sich von den meisten anderen Unterkünften in Dubai erfrischend unterscheidet: das Orient Guest House. Es bemüht sich nicht um moderne Architektur, wirkt aber in jeder Ecke ansprechend und einladend. Auch die Lage ist ideal, wenn man ein paar Tage in Dubai verbringen will. Denn nach einem Tag in den Malls, am Meer, beim höchsten Gebäude der Welt und zwischen den Hochhausvierteln genießt man es, in einen kleinen Innenhof zurückzukehren, der so aussieht, als hätte er sich seit 100 Jahren nicht verändert. Die Preise sind im Vergleich zu den modernen Hotels erstaunlich niedrig. Ein Zimmer bekommt man, je nach Saison, ab 50 Euro/Person. Auch auf die üblichen modernen Annehmlichkeiten wie TV oder WLAN braucht man in diesem Vier-Sterne-Haus nicht zu verzichten.

## WEITERE INFORMATIONEN

**Orient Guest House,**
Historic Bastakiya Area,
Opposite Al Musalla Post Office,
Al Fahidi Street, P.O.Box 46500,
Dubai, U.A.E.
Info@orientguesthouse.com,
www.orientguesthouse.com

Dubai, die Stadt des Handels. Vom Gewürz bis zum Gold kann man hier alles finden, auch den größten Goldring der Welt (oben rechts).

# 44 Suqs

## Fundgruben für alle Wünsche

**Kein arabisches Land wäre ohne traditionelle Märkte, die Suqs, denkbar. Und natürlich ist das in Dubai nicht anders. Die Suqs sind keineswegs nur für die Touristen gemacht – auch in Dubai kommen die Einheimischen noch auf diese Märkte, wenn sie etwas für den Alltag brauchen. Die ältesten Suqs der Stadt sind auf der Deira-Seite ganz in der Nähe des Creek.**

Die alten bunten Marktgassen Dubais haben es in sich. Meistens werden sie als Gold- oder Gewürz-Suq bezeichnet, aber das trifft eigentlich nicht den Kern der Sache, denn so golden es auch aus vielen Läden herausblitzt und so sehr man den Duft vieler verschiedener Gewürze in der Nase spürt, es gibt hier weit mehr zu sehen und – wenn man will – zu kaufen als nur Gold oder Gewürze. Suqs sind eine internationale und bunte Welt des Handels.

### Wo das Leben weiterblüht

Ab 1890 verband eine Dampfschifffahrtslinie Dubai mit Bombay – und nachdem Teheran ab 1902 empfindlich hohe Zölle verlangte, konzentrierten sich die Händler damals immer mehr auf das unter britischem Protektorat stehende und bewusst zollfreie Reich der Maktoums. Es dauerte nicht lange, bis die Bevölkerungszahl in Dubai über 10 000 angestiegen war. Ein buntes Volk hatte sich eingefunden. Die meisten Häuser standen in Deira, am nördlichen Ufer des Creek – dort lebten Araber, Perser, Pakistani und Afghanen, umgeben von rund 400 Geschäften. Die Bilder, die sich heute zwischen den traditionellen Booten, den Daus, bieten, erinnern ein bisschen an diese Zeit.

Noch immer herrscht zwischen den Anlegestellen der Daus und in der Nähe der Deira-Suqs ein multikulturelles Treiben – übrigens in aller Sicherheit: Weil Dubai praktisch keine Kriminalität kennt und das Gesetz Diebstahl auch extrem hoch bestraft, muss sich keiner der Händ-

ler darüber groß Gedanken machen, wie er seine Ware auf den Märkten oder an den Anlegeplätzen sichert. Auch über Nacht sind die Waren, die hier noch heute von den alten Schiffen abgeladen werden, praktisch unbewacht. Dubai gilt als sichere Stadt, und niemand würde sich trauen, etwas gegen diesen Ruf zu unternehmen.

Natürlich kommt diese Sicherheitsstimmung auch Märkten wie dem Gold-Suq zugute. Immerhin gilt dieser spezifische Markt mit seinen rund 300 kleinen Schmuckläden als der weltweit größte Umschlagplatz für das edle Metall. Insgesamt elf Tonnen Gold sollen hier im Angebot stehen. Und es soll gute Ware sein, mit bis zu 24 Karat. Und natürlich sind die Verkäufer auch zum Handeln bereit. Wenn man gut im Feilschen ist und etwas von Gold versteht, wird man prima Schnäppchen machen können. Davon abgesehen hält der Gold-Suq in Dubai natürlich auch ein paar für Dubai typische Rekorde bereit, z. B. den weltweit größten Goldring. Überstreifen kann man das gute Stück natürlich nicht, nicht mal um die Hüfte würde er passen. Aber er ist für jeden Suq-Besucher ein Muss und ein Foto wert. 63,8 Kilogramm soll der 21-karätige Ring wiegen.

## Immer der Nase nach

Weniger glänzend, aber olfaktorisch umso intensiver geht es in der Nähe der Gewürzstände zu. Patrick Süskinds Roman *Das Parfum* kommt einem in den Sinn: »Denn die Menschen konnten die Augen zumachen vor der Größe, vor dem Schrecklichen, vor der Schönheit und die Ohren verschließen vor Melodien oder betörenden Worten. Aber sie konnten sich nicht dem Duft entziehen. Denn der Duft war ein Bruder des Atems. Mit ihm ging er in die Menschen ein, sie konnten sich seiner nicht erwehren, wenn sie leben wollten ...« Und tatsächlich: So intensiv ist der Duft dieser Märkte, dass man sie entweder schnell wieder verlassen oder sich andernfalls dem Duft ausliefern muss. Letzteres ist freilich die empfehlenswertere Variante. Denn ob Nelken, Pfeffer, Oleander, Kardamom oder auch Safran – hier machen das Handeln und Einkaufen Spaß!

## KLIMATISIERTES SHOPPEN

Zugegeben: Der neue Madinat Jumeirah Suq gehört nicht zu den traditionellen und historischen Märkten Dubais, und er ist vom Zentrum der Stadt auch ein bisschen entfernt. Doch ein Ausflug dorthin lohnt sich schon allein deshalb, weil es zumal im Sommer recht erstrebenswert ist, durch einen klimatisierten Markt zu wandeln. In den Läden kann man von Kleidern bis zu Kunstwerken alles finden, was das Touristenherz begehrt. Überhaupt präsentiert sich dieser neue Stadtteil Dubais sehr ansprechend. Einige romantische Kanäle führen durch das Gebiet, und auch wenn man merkt, dass alles neu gebaut wurde, so spürt man doch das Flair einer, wenn auch inszenierten, alten Handelsstadt. Eine Sache sollte man vielleicht überspringen: die Bootsfahrt durch die kleinen Kanäle. Die Fahrt ist zwar schön und die Boote, die den traditionellen Abras auf dem Dubai Creek nachempfunden sind, auch gemütlich, doch im Vergleich zu den echten Abras kostet die Fahrt ein Vielfaches mehr, nämlich 15 Euro.

## WEITERE INFORMATIONEN

**Madinat Jumeirah Suq,**
souk@jumeirah.com,
www.jumeirah.com/Hotels-and-Resorts/Destinations/Dubai/Madinat-Jumeirah/Madinat-Souk

# Datteln und Silberschmuck – Shopping am Golf

**Ein einziges Einkaufsparadies, ein orientalisches Sesam-öffne-Dich für Shopping-Liebhaber, das sind sowohl Dubai und Abu Dhabi als auch Oman. Ob Sie unterwegs sind im traditionellen Suq, in dem das Aushandeln der Preise nach wie vor dazugehört, oder in einer edlen Shoppingmall: Lassen Sie auf jeden Fall genügend Platz im Koffer!**

Die Omanis sind stolz auf ihre Kultur. Shoppingmalls gibt es hier mit Ausnahme der Hauptstadt nur wenige. Generell gilt: Im Sultanat können Sie wunderschönen, mit Halbedelsteinen verzierten und traditionellen Schmuck, alte Silberdolche, die sogenannten Khanjars, sowie Weihrauch und kleinere Antiquitäten zu nach wie vor recht günstigen Preisen erwerben.

## Konsumrausch

Vollkommen anders ist die Situation in Dubai und Abu Dhabi: Hier wird nahezu alles verkauft, was auf den Weltmärkten produziert wird, von Designerkleidung über Elektronikartikel, Parfüm, Schuhe und Taschen, Haushaltswaren und Spielsachen zu Schmuck und Kosmetika und Inneneinrichtung. Dank niedriger Zölle und fehlender Mehrwertsteuer sind die Preise trotz eines mitunter ungünstigen Umtauschkurses moderat. Der Thrill beim Shopping in den beiden Emiraten sind jedoch nicht in erster Linie mögliche Schnäppchen, sondern die Faszination, dass es hier so ziemlich jede Designermarke gibt, im Falle der gewaltigen Dubai Mall sogar unter einem Dach vereint. Ob Missoni, La Martina oder Jimmy Choo, Armani, Dior oder Chanel: Ein Flagshipstore in Dubai ist für die Edelmarken ein Muss. Supergünstig wird es dann während des jährlichen Dubai Shopping Festivals (DSF, www.visitdubaishoppingfestival.com): vier Wochen im Januar, die prall gefüllt sind mit Moden-

Die Versuchung aus 1001 Nacht – durch ihre gesunde Süße ist die Dattel hierzulande eine der beliebtesten Obstsorten (unten). Von Parfüm (rechts oben) bis Silberschmuck (rechts unten): Hier finden Shopping-Liebhaber alles, was das Herz begehrt.

schauen und anderen Events, Feuerwerken und natürlich Rabatten. Einsparungen von 20 bis zu 70 Prozent locken dann die Besucher aus allen Teilen der Welt ins Emirat.

## Wo Gold und Silber glänzen

Legendär ist der Goldsuq von Dubai, mehrere Ladengassen, in denen sich mehr als 250 Juweliergeschäfte aneinanderreihen. Und da Sie in Dubai nur für das Material und nicht für die Verarbeitung der Schmuckstücke zahlen müssen, kauft man wohl nirgendwo günstiger als hier, wo die Ketten und Ringe, die man begehrt, einfach auf die Waage gelegt und dann mit dem Goldpreis des Tages verrechnet werden. Letzter Gag des Gold liebenden Emirats sind eine Handvoll Gold-Automaten, an denen man 24 Stunden lang das Edelmetall kaufen kann, unter anderem im Madinat Jumeirah Suq in Dubai.

Der Oman wiederum ist stolz auf seine alte Tradition bei der Herstellung von Silberschmuck. Da das Land keine Silberminen besitzt, verwendete man in früheren Epochen die seit Mitte des 18. Jahrhunderts in Österreich geprägten Maria-Theresia-Taler, die zu 85 Prozent aus Silber bestehen und lange Zeit beliebtes Zahlungsmittel in Oman waren. Die schweren Taler wurden eingeschmolzen, oder man verwendete sie als Bestandteil von Halsketten oder Gürteln. In den Suqs von Nizwa und Mutrah (Masqat) ist die Auswahl an altem Silberschmuck, an Arm- und Fußreifen, Schatullen für Koranverse, an schweren Ohrgehängen schier unendlich. Ein Besuch in den engen Ladengassen ist einen echte Zeitreise.

## Handeln gehört immer dazu

In offenen Säcken werden hier auch Gewürze wie Muskatnüsse, Zimtstangen, Kardamom und Fenchelsamen angeboten, man sieht Hennapulver, Datteln in allen möglichen Qualitätsstufen und die typischen, langschnabeligen Kaffeekannen. In den Suqs nimmt man sich Zeit, wenn man etwas kaufen will. Hektik ist hier verpönt. Denn einen richtigen, für beide Seiten akzeptablen Preis für ein Produkt zu finden, ist kein schnelles Unterfangen. Handel ist hier auch eine soziale, zutiefst zufriedenstellende Angelegenheit. Nachlässe von bis zu einem Drittel auf den anfangs genannten Preis sind bei Besuchern aus dem Westen durchaus möglich. Ist der Handel perfekt, gibt es mitunter noch ein kleines Geschenk als Dreingabe, und man wird mit allerlei guten Wünschen verabschiedet.

# 45 Dubai Marina

## Wohnraum und Hafen für die Superreichen

**Nicht alles, was in den vergangenen Jahrzehnten in Dubai geplant wurde, konnte schnell und selbstverständlich realisiert werden. Ein Beispiel dafür ist wohl die ehrgeizige Dubai Marina, mit der das Emirat als schnellster und effizientester Bauherr in die Geschichte der Architektur eingehen wollte. Ein bisschen musste gebremst werden, und noch ist nicht alles fertig.**

Dubai Marina: Zweitwohnungen mit Luxusanspruch. 200 Wolkenkratzer sollen hier insgesamt entstehen – eine Großstadt für Reiche, die nicht nur ihr Automobil, sondern auch ihre Jacht gern in der Nähe ihrer Wohnung unterbringen wollen.

Dubai Marina ist im Grunde ein Projekt aus dem Bereich der Fantasie. Die Frage, die am Anfang im Raum stand, war, ob es denn möglich sei, innerhalb von wenigen Jahren eine City aus 200 Wolkenkratzern zu bauen, die bis zu 150 000 Menschen beherbergen können. Und zwar inklusive Jachthafen, damit jene, die sich eine der luxuriösen Wohnungen leisten können, einen Platz für ihr marines Spielzeug haben, wenn sie übers Wochenende vorbeischauen.
Natürlich haben solche Überlegungen gleich mehrere Haken. Zum einen sind für die Realisierung eines solchen Vorhabens eine ungeheure Anzahl von Baufirmen nötig, die sich nicht auf die Füße treten und gleich schnell arbeiten. Zum anderen braucht man natürlich auch eine Klientel, die bereit ist, in einer wirtschaftlich schwer einschätzbaren Zeit in eine solche Immobilie zu investieren. Erstaunlicherweise war die Stimmung beim Auftraggeber, Scheich Mohammed, in diesem Fall anders als beim Bau des Burj Khalifa.

### Nur das Beste für die Freunde

Während es beim Burj Khalifa von vornherein darum ging, das höchste Gebäude der Welt und damit einen Rekord aufzustellen, ging es

bei der Dubai Marina »nur« um eine ganz bestimmte Form der Stadtentwicklung, die vielleicht auch aus der persönlichen Erfahrung oder zumindest Sehnsucht des Scheichs und seiner Freunde resultierte. Die leidige Frage für jeden Jachtbesitzer scheint nämlich immer wieder zu sein, wo man am besten unterkommt, wenn man mit seinem Boot einen Ausflug machen will. Anders ausgedrückt: Ist es nicht viel praktischer, am Jachthafen auch gleich eine Wohnung zu haben?

Tatsächlich gibt es für solcherlei Überlegungen einen echten Markt, weshalb die Dubai Marina in ihrer Planung nebenher zum erstaunlichsten und größten Stadtentwicklungsprojekt dieser Art wurde. Wegen der zwischenzeitlichen finanziellen Engpässe des Emirats und der schwierigen Situation auf dem Immobilienmarkt musste der ursprüngliche Plan etwas abgespeckt werden, aber es lässt sich auch so vortrefflich durch die heutige Dubai Marina flanieren. Fünf Kilometer lang ist der Kanal, der hier für die Boote gebaut wurde, und der Hafen hat Platz für bis zu 2500 Boote. Die umliegenden Hochhäuser sind sichtbar bewohnt und größtenteils in privater Hand. 80 Prozent der Kubatur sind Wohnungen, zehn Prozent sind Hotels und weitere zehn Prozent Geschäfte.

## Projekte für die Zukunft

Natürlich wird an dem ursprünglichen Projekt weitergebaut, aber man lässt sich Zeit. Vor allem die über 300 Meter hohen Hochhäuser wurden erst einmal auf die lange Bank geschoben. Und davon stehen einige auf dem Plan: Marina 106 zum Beispiel, ein 425 Meter hoher Wohnturm, oder die DAMAC Hights mit 420 Metern. Andere ungewöhnliche und internationale Aufmerksamkeit erregende Bauwerke sind fertig gestellt, beispielsweise der für Apartments genutzte Infinity Tower, ein Wolkenkratzer von 307 Meter Höhe, zu erkennen an seinem Design: einer kompletten 90-Grad-Drehung nach oben hin. Entlang des Marina Walk, einer tollen Promenade an den Hafenbecken, sieht man noch so manch anderes spektakuläre Bauwerk.

»Wozu das Ganze?«, mag man fragen. Nun, die Antworten sind immer die gleichen: erstens, weil es möglich ist, zweitens, weil es Menschen gibt, die den Bedarf dafür sehen, und drittens, weil es in Dubai wichtig ist, allen Zweiflern zu zeigen, dass es ein Prinzip gibt, an das es sich zumal in Dubai immer zu glauben lohnt. Und dieses Prinzip lautet: Wer alles erreicht hat, hat sich seine Ziele nicht hoch genug gesteckt.

## KINO REAL UND LIVE

Immer wieder mal geben einem Taxifahrer einen guten Tipp. Achmed etwa, der seit einigen Jahren Touristen kreuz und quer durch Dubai fährt, verbringt seine freien Stunden am Abend oder auch zu Mittag, wenn es nicht zu heiß ist, auf einer der Parkbänke der Dubai Marina, im Schatten einer Palme oder im Starbucks Café an der Promenade. Dort sitzt er dann und beobachtet die Leute, die aus ihren Wohnungen oder den Hotels kommen. Es gibt Menschen jeden Schlages: junge, elegante Männer, ältere, weniger elegante Männer, schöne westliche Frauen, schöne arabische Frauen ... und zu jeder Person, die an ihm vorbeizieht, überlegt er sich eine Geschichte und versucht, sich das Leben vorzustellen, das dieser Mensch führt. Eine schöne Beschäftigung – einfach sitzen und träumen!

## WEITERE INFORMATIONEN

www.dubai-marina.com

Abenteuer Mall: Weit mehr als shoppen, sondern vor allem auch sehen und staunen, etwa über den hohen Wasservorhang mit Klippenspringern in der Dubai Mall (oben). In der Mall of the Emirates wird auch Skifahren angeboten (rechts unten).

# 46 Die Luxus-Malls

## »Do buy« in Dubai

**Aus einem europäischen Verständnis heraus würde man nicht unbedingt auf die Idee kommen, seine Freizeit in einem Einkaufszentrum zu verbringen. Doch in Dubai, in einem Land, das nach aktuellen Schätzungen in einem Geschäftsjahr Waren im Wert von 25 Milliarden Euro umschlägt, hat man einen traditionell unverkrampfteren Zugang zum Handel, und das sieht man nicht zuletzt in den großen Malls.**

Die Zahl der Einkaufszentren, der sogenannten Malls, in Dubai ist enorm. Doch unter diesen vielen und durchaus pulsierenden Geschäftshäusern fallen zwei deutlich aus dem Rahmen. Sie sind gute Ausflugsorte, auch wenn man vielleicht gar nicht darauf aus ist, seine Ferienzeit mit Shoppen zu verbringen. Zumal es überhaupt nicht gesagt ist, dass man in den hiesigen Malls billiger einkauft als zu Hause. Vielleicht sogar im Gegenteil, schließlich haben die Malls, um die es hier geht, rein gar nichts von einem günstigen Handelsplatz an sich. Hier steht das Erlebnis im Fokus, und das hat seinen Preis. So muss es einen auch nicht überraschen, wenn vor dem Haupteingang der Dubai Mall immer wieder mal auffällige Luxusschlitten stehen. Doch die Dubai Mall ist natürlich auch nicht irgendein Einkaufszentrum, sondern beherbergt unter anderem die teuersten und exklusivsten Modegeschäfte der Welt und ist mit seinen rund 350 000 Quadratmetern Verkaufsfläche ganz nebenher auch eines der größten Einkaufszentren der Welt.

### Shoppen und Fische gucken

Etwa 1200 Läden gibt es derzeit in der Dubai Mall, und die Menschen, die einen Draht zum Shoppen und Luxus-Schauen haben, finden das gut. So kamen in den ersten Jahren der Dubai Mall zwar noch (nur) rund 30 Millionen

Menschen hier her, heute sind es nach eigenen Angaben aber schon über 100 Millionen Besucher. Stimmt das, ist die Dubai Mall auch das meistbesuchte Gebäude der Welt. Dazu beitragen kann sicher auch jene Attraktion, für die die Dubai Mall heute schon berühmt ist: das riesige Aquarium, das sich über drei Etagen erstreckt und die gesamte Halle in ein magisches Licht taucht. Fast 33 Meter misst das Aquarium in der Breite und über acht Meter in der Tiefe. Hinter dem 75 Zentimeter dicken Acrylglas haben 10 000 Kubikmetern Seewasser Platz und darin 33 000 Meerestiere. Haie, Barsche, Rochen, aber auch Robben und Pinguine tummeln sich hier. Und weil in das Becken kein natürliches Licht dringt, ist es mit einer Lichtanlage ausgestattet, die Tag und Nacht simuliert.

### Skifahren in der Wüste

Das Simulieren fremder Realitäten scheint ein Konzept der Malls zu sein. Denn auch die zweitgrößte Mall der Stadt, die Mall of the Emirates, wartet mit einer Hinterglas-Landschaft auf, die man beim besten Willen in Dubai nicht erwarten würde: ein Skiparadies mit echtem Schnee. Obwohl die Mall of the Emirates mit ihren 220 000 Quadratmetern Verkaufsfläche von der Dubai Mall übertrumpft wurde, bietet sie doch das einzige Skigebiet in der Wüste. Fünf verschiedene Abfahrten kann man hier machen, und das Skikarussell hat eine Schneefläche von 22 500 Quadratmetern. 400 Meter misst die längste Abfahrt, auf der man es immerhin auf einen Höhenunterscheid von 60 Metern bringt. Und es fühlt sich wahrhaftig an wie Winter: Die Temperatur liegt tagsüber knapp unter dem Gefrierpunkt und nachts, wenn der Schnee aus den Kanonen geblasen wird, bei minus sieben Grad. Klar, dass wegen des enormen Temperaturunterschieds zwischen Halle und Außenwelt eine besonders effiziente Isoliertechnik eingesetzt werden musste. Aber das ist typisch für die Art, wie man in Dubai an Problemlösungen herangeht. Nicht das »Ob« steht zur Diskussion, sondern schlicht die Frage, *wie* man das angepeilte Ziel am besten erreichen kann. Wer ernsthaft daran interessiert ist, in Dubai Ski zu fahren: Ein Tagespass kostet etwa 65 Euro, ein Zweistundenticket 15 Euro weniger, und im Eintrittspreis ist die Leihausrüstung enthalten.

### KLIMATISIERTE BUSHALTESTELLEN

Wer im Sommer bei Temperaturen bis zu 50 Grad Celsius in Dubai unterwegs ist, kommt zwangsläufig ins Schwitzen. Da bringt eine der jüngsten Errungenschaften Dubais eine echte Linderung und wird auch von den Einheimischen gerne als Erholungsinsel genutzt: vollklimatisierte Bushaltestellen entlang der Straße. Einige Hundert davon gibt es inzwischen über das ganze Stadtgebiet verteilt. Sie haben eine konvexe Vorderfront und eine gerade Hinterwand und bieten genügend Platz zum Verschnaufen. Niemand hat etwas dagegen, wenn man die gekühlten Räume auch dann verwendet, wenn man nicht gleich in einen Bus einsteigt. Und in jedem Fall sind sie eine originelle Sehenswürdigkeit. 45 Millionen Euro wurden in den Kauf und die Errichtung dieser klimatisierten Inseln investiert, und jeder, der sie mal im Sommer betreten hat, empfindet diese Ausgabe als absolut berechtigt.

### WEITERE INFORMATIONEN

www.thedubaimall.com/en

# 47 Dubai Desert Conservation Reserve

## Safari im Sandmeer

**In Dubai ist die Wüste nie weit weg, und ein Ausflug dorthin ist ein Erlebnis, das man nicht verpassen sollte. Denn die Eindrücke, die man von einer Wüstenfahrt mit nach Hause nehmen kann, sind außerordentlich – für Paare, die die Romantik einer Beduinensiedlung bei Sonnenuntergang erleben möchten, aber auch für Abenteurer, die die Großstadt für ein paar Stunden hinter sich lassen wollen.**

Das Dubai Desert Conservation Reserve ist ein erholsamer Kontrapunkt zu allem, was man in der Stadt Dubai erleben kann. Denn während es im pulsierenden urbanen Zentrum des blühenden Emirats geradezu frenetisch zugeht, hat man vor Jahren schon beschlossen, in diesem Naturreservat die Ruhe einkehren zu lassen. Deshalb hat man die Anzahl der Touren in dieses Gebiet begrenzt und überhaupt beschlossen, die Wüste der Natur zu überantworten. Im Ergebnis ist Dubais Naturreservat das größte zusammenhängende Gebiet, das nur einem einzigen Projekt untergeordnet wurde: nämlich dem Schutz der natürlichen Flora und Fauna der Wüste.

Dieses hehre Vorhaben steht nun nicht in aller Konsequenz hinter dem, was im Lauf einer Wüstensafari alles veranstaltet wird, doch wenn man hier unterwegs ist und die Tiere beobachtet, bekommt man erstaunlicherweise den Eindruck, dass die Geländewagenkarawanen, die hier jeden Tag hindurchziehen, die Tiere nur in geringem Maße stören.

### Noch einmal durchatmen

Der erste Stopp, bevor man in das eigentliche Reservat fährt, ist ein kleines Camp, in dem man noch einmal eine reguläre Toilette benutzen kann, während die Fahrer die Geländewagen für den Wüstenuntergrund fit machen. Im Wesentlichen bedeutet das, dass gut die Hälfte der Luft aus den Reifen gelassen wird, denn je größer der Druck im Reifen ist, desto kleiner ist die Fläche, auf der der Wagen steht, und das

Abenteuer Düne: Kamele und Wüstenblumen in der Wildnis sowie rasante Fahrten mit dem Jeep durch die sich stetig wandelnde Welt der Dünen (rechts).

travco

In den Wüstencamps wird man mit allem versorgt – auch mit Wasserpfeifen und Tanuratänzern. Nightlife der ganz besonderen Art.

kann auf einem so beweglichen Untergrund wie Sand bedeuten, dass man irgendwann nicht mehr von der Stelle kommt.
Unser Chauffeur heißt Mustak, und er gehört zu jenen Fahrern, die sehr genau wissen, was sie tun. Denn wenn er nicht gerade selbst mit Touristen in der Wüste unterwegs ist, trainiert er die anderen Fahrer im Cruisen durch die Wüste. Ortskenntnis ist dabei übrigens nicht verlässlich, denn die Berg- und Tallandschaften der Wüste gestalten sich jeden Tag ein bisschen anders. Optisch macht das natürlich einen der besonderen Reize dieser Gegend aus, fahrtechnisch ist es eine Herausforderung, der man nicht so selbstverständlich gewachsen ist. Nach wenigen Kilometern über die ersten Dünen hält die Autokarawane in der Nähe einer Kamelzuchtstation an. Der Sonnenuntergang steht bald bevor, und die Guides wissen, was ihre Gäste sehen wollen. Hier, am Rande der großen Wüste, die einen unerfahrenen Fahrer inklusive Wagen verschlucken kann, erlebt man die friedlichsten Sonnenuntergangsstimmungen. Und tatsächlich: Eine Viertelstunde später beginnt die tief stehende Sonne, die Landschaft in eine Art pastellgoldenes Licht zu tauchen. Während die Passagiere den Moment auf sich wirken lassen und etwas Ruhe in die Runde einkehrt, nähert sich ein neugieriger Hubara-Vogel, der sich offenbar schon an die regelmäßigen Besuche dieser ungefiederten Gestalten gewöhnt hat.

## Abdriften ins Abenteuer

Bevor die Sonne ganz untergegangen ist, setzt sich die Karawane wieder in Bewegung. Das Wüstencamp, in dem der Abend verbracht werden soll, ist noch eine knappe halbe Stunde entfernt, und man will ja auch noch ein bisschen das Fahrgefühl in der Wüste vermitteln. Ein ausgeglichener Magen ist für dieses Abenteuer übrigens begrüßenswert, doch eigentlich kein unbedingtes Muss.
Dort wo die Dünen am höchsten sind, gibt Mustak den anderen Fahrern das Zeichen zur freien Fahrt. Ab diesem Moment zeigt sich die Bravour und Erfahrung der einzelnen Fahrer. Denn ganz ohne Risiko ist das Pflügen durch die Dünen nicht. Immer wieder reißen die oberen Kanten der windgeformten Sandhügel nach unten ab, und nur wenn man die Gewichtsverteilung und Steuerung des Geländewagens gut kennt, kann man einschätzen, in welche Richtung das Fahrzeug abdriftet.
Mustak kennt sowohl das Auto als auch die Ansprüche der Fotografen. Ganz offensichtlich

ist es nicht das erste Mal, dass er für Kameras in Aktion tritt, und so dreht er im richtigen Winkel zwischen Linse und Sonne seine Bahnen, bis alle denkbaren Fotomotive geknipst sind.

## Musik hallt durch die Wüste

Das Desert Camp, in dem der Abend ausklingen soll, ist einer Beduinensiedlung nachempfunden. Geschützt von umliegenden Sandhügeln, abgegrenzt durch Holzzäune erinnert es allerdings auch ein bisschen an eine Filmkulisse. In der Mitte des Camps steht eine Bühne, drum herum stehen flache Tische mit bequemen Kissen, und entlang dem Zaun laden abgegrenzte und mit Teppichen ausgelegte Flächen mit Wasserpfeifen ein.
Das Programm des Abends ist reichhaltig. Ein Tanuratänzer eröffnet den Reigen, und das ist durchaus wörtlich gemeint. Tanura sind Kreiseltänze, bei denen der Tänzer sich in einem ausladenden Rock immer schneller um die eigene Achse dreht. Teil der Kunst ist es, den bunt bestickten Rock so stark kreisen zu lassen, dass er wie ein Helikopterflügel am Körper des Tänzers auf- und abwandert. Ein besonderer Aspekt dieser Kunst ist aber vor allem der Umstand, dass der Tanuratänzer trotz dieser Kreiselbewegungen den Horizont nicht aus den Augen verliert. Wie schwer das sein kann, ist bald bewiesen. Entgegen aller Proteste werden einige der Gäste in das Tanzkleid gesteckt und um die eigene Achse gedreht. Mehr als zwei Runden übersteht keiner, ohne hilf- und orientierungslos von der Tanzfläche zu wanken.

## Abspanngedanken nach der Show

Doch spätestens wenn nach dem Wüstendinner die Bauchtänzerin die Bühne übernimmt, weiß man, dass der Eindruck der Filmkulisse tatsächlich nicht weit hergeholt war. Die Show ist perfekt, das Erlebnis beeindruckend, das Essen beglückend, der Ort phänomenal, und doch mag man sich am Ende vielleicht auch fragen, ob die Schönheit des Naturreservats nicht auch ohne die Showeinlagen zum Leuchten gebracht worden wäre.
Zurück im ersten Camp werden die Reifen wieder für die Asphaltstraßen vorbereitet, der Luftdruck wird auf Normalstand gebracht. Spätestens wenn man am Ende des Abends die Zäune und Tore des Naturreservats wieder hinter sich gelassen hat, stellt sich die Frage nach dem Diktat der Inszenierung allerdings nicht mehr. Denn in Wahrheit lebt die Wüste in Dubai längst in logischer Symbiose mit den Menschen, die sie besuchen. Bevor sie kommen und nachdem sie gegangen sind, kehrt hinter den Abgrenzungen des Dubai Desert Conservation Reserve wieder jene Ruhe ein, die schon vor Jahrhunderten den Wüstenalltag bestimmte. Und in den Phasen dazwischen wird nichts anderes getan, als immer wieder den Grund dafür zu generieren, dass das Reservat überhaupt eines ist.

## BLICK INS DUBAI VON EINST

Das Bewusstsein für die traditionelle Vergangenheit des Landes ist in Dubai nicht zwangsläufig verbreitet. Umso spannender ist es zu beobachten, wie diese Vergangenheit dargestellt wird. Zum Beispiel im Heritage Village am Creek. Das Heritage and Diving Village gibt einen ersten Einblick in die Kultur und das Leben in Dubai vor der Entdeckung des Erdöls. Besonders der Alltag des Seevolks, unter anderem als Fischer und Perlentaucher, wird dem Besucher nähergebracht. Aber auch das traditionelle Leben der Beduinenvölker wird erklärt und beispielsweise von Töpferinnen und Händlerinnen lebhaft dargestellt. Wer die arabische Welt wirklich erleben möchte, sollte die Speisen an den Garküchen probieren, die während der »Show Cookings« zubereitet werden. Auch wenn die Köchinnen offiziell eine Bezahlung ablehnen, freuen sie sich über ein paar Dirhams.

## WEITERE INFORMATIONEN

**Dubai Desert Conservation Reserve:**
www.ddcr.org/en/
**Infos zum Heritage and Diving Village:**
www.dubai.de

# Abu Dhabi

## Luxus, Traditionen und viel Kultur

Toll zum Leben und Genießen: Hochhäuser am weißen Sandstrand, ein Mega-Wasserpark und Kamele im Freilichtmuseum.

Persischer Golf
ABU DHABI
Al Weheil-Insel
Ras Ghurab-Insel
Khor Faridah
Ba Al Ghaylam-Insel
Al Bahyah
Ramhan-Insel
Louvre Abu Dhabi
48
Saadiyat
Al Mina
Lulu-Insel
Al Zahiyah
Al Danah
Al Manhal
National Bank of Abu Dhabi
Al Nahyan
Corniche Beach
Al Karamah
Massnoua-Insel
ar-Raim-Insel
Umm Yifenah-Insel
Khor Laffan
Al Jubail-Insel
Bal Rumaid-Insel
50
Yas island
Khor Al Baghal
Mangrove National Park
Samaliya-Insel
Al Mushrif
Al Matar
Al Safarat
Sas An Nakhl-Insel
Flughafen Abu Dhabi
Masdar
Al Maqta'a Bridge
Rowdhat Abu Dhabi
49
Scheich Zayid Moschee
Al Maqta'
Khalifa City A
Khor Al Bateen
Al Hudayriat-Insel
Babawat Abu Dhabi
Khor Qiqishan
Musaffah
Khalifa City B
Mohamed Bin Zayed City
Al Mafraq
Bawabat Al Sharq
N
0
5 km

Luxushotellerie, Villen und Beach Clubs: Einer der exklusivsten Strände in Abu Dhabi ist auf Saadiyat Island.

# Marhaba in Abu Dhabi

**Willkommen in der Hauptstadt des gleichnamigen Emirats, in der sich architektonische Superlative mit arabischen Traditionen verbinden. Das Emirat ist das größte der Vereinigten Arabischen Emirate und das reichste, da es über das meiste Erdöl verfügt. Anders als in Dubai begann man erst vor einigen Jahren, sich für Tourismus zu interessieren.**

Hier geht es gemächlicher zu als in Dubai. Abu Dhabi, dessen ursprüngliches, von Beduinen Ende des 18. Jahrhunderts gegründetes Zentrum auf einer Insel liegt, erkundet man mit dem Auto, denn es ist sehr weitläufig. Leider blieb von den Anfängen der Siedlung nur die alte Festung Qasr al Hosn, die heute ein Museum zur Entwicklung des Emirats beherbergt.

## Über Brücken zur Inselhauptstadt

Vom Flughafen aus gelangen Sie über die Al Maqta Bridge vom Festland auf die Insel. Einst überquerten die Menschen den schmalen Meereskanal Khor Al Maqta bei Ebbe zu Fuß, heute führen gleich drei Brücken hinüber. Kaum zu übersehen rückt gleich darauf die gewaltige und schneeweiße Sheikh-Zayed-Moschee ins Blickfeld. Ihre vergoldeten Kuppeln und hohen Minarette entsprechen zwar dem traditionellen Bild eines islamischen Gotteshauses, bei einem Besuch können Sie sich jedoch schnell davon überzeugen, dass dieses Bauwerk von seinen Dimensionen und seiner überreichen Ausstattung her Weltbedeutung genießt. Nach Einbruch der Dunkelheit wird die Moschee dank ausgeklügelter Illumination zu einem wahren Prachtwerk. Wenn dann noch die Sichel des Mondes darüber steht, ist der Eindruck von Tausendundeiner Nacht perfekt.

## An der Corniche entlang

Zurück auf der parallel zum Meer führenden Eastern Ring Road gelangen Sie auf die sechsspurige und etwa sieben Kilometer lange Corniche, die in einem weiten Bogen im Norden von Abu Dhabi vom Sheraton-Hotel im Osten bis zum Emirates-Hotel im Westen verläuft. Zum Meer hin wurden weitläufige Parks, Joggingstrecken und Fahrradwege angelegt, hier trifft man sich in schicken Beach-Cafés. In der Ferne glänzt rotgolden am westlichen Ende der Corniche das prächtige Emirates Palace, das von britischen Stararchitekten entworfene Luxushotel, in dem die Regierung Staatsgäste unterbringt und Kongresse ausrichtet.
Nur zwei Kilometer vom Emirates Palace liegt das sehenswerte Heritage Village. In diesem Freilichtmuseum erhalten Sie einen Einblick in das typische Leben in dieser Region vor Beginn des Ölbooms. Es gibt aus Palmzweigen gebaute Barasti-Hütten, die traditionellen Handwerkskünste werden demonstriert, Kinder können auf Kamelen reiten, und vom Café bietet sich ein toller Blick über das Meer und auf die moderne Skyline.

## Die nächste Insel ruft

Gleich am Beginn der Corniche, d.h. am östlichen Rand, führen Hinweisschilder zur E 12 und hinüber nach Saadiyat Island. Die natürliche Insel thront inmitten eines Mangrovengürtels und wurde in den letzten Jahren durch Aufschüttungen stark vergrößert. Die feinsandigen Dünenstrände gehören zu den schönsten der gesamten Vereinigten Arabischen Emirate, in den ansässigen Fünfsternehotels genießen anspruchsvolle Gäste edles Design, Ruhe und jeden erdenklichen Komfort. Vom geplanten internationalen Kulturbezirk, zu dem mehrere Weltklasse-Museen gehören werden, wurde bislang der Louvre Abu Dhabi eröffnet. Das Bauwerk selbst ist ein Kunstwerk, dazu gesellen sich Exponate von Weltrang. Weiter geht es über die E 12 und über eine Brücke nach Yas Island, Abu Dhabis Freizeitinsel, wo besonders Rennsportbegeisterte auf ihre Kosten kommen.

## TRÄUME VON LUXUS AM WEISSEN SCHILDKRÖTENSTRAND

Türkisfarbenes, glasklares Wasser und schneeweißer Sand: Die Strände der Insel, zum großen Teil unter Naturschutz stehend, sind eine echte Ausnahme in den VAE. Dazu gibt es noch eine tolle Überraschung: Im Juni und Juli schlüpfen hier die Jungen der seltenen Karettschildkröten und bewegen sich geschwind zum Wasser. Es ist ein einzigartiges Erlebnis, in mondhellen Nächten dabei zu sein. Klimatisch angenehmer ist natürlich ein Besuch in den Wintermonaten. Gleich eine Handvoll toller Luxushotels thronen am Saadiyat Island Beach. Relaxt und gleichzeitig äußerst stilvoll verwöhnt das Saadiyat Rotana Resort and Villas mit traumhaftem Ausblick auf die makellosen und unberührten Strände und das Meer. Herrlich designte Lieblingsplätze finden sich in der weitläufigen, an den Golfplatz grenzenden Anlage zu Genüge.
**Saadiyat Rotana Resort and Villas**, Saadiyat Island, www.rotana.com

## WEITERE INFORMATIONEN

**Emirates Palace Hotel**,
Western Corniche Road,
Tel. 971 26 90 90 00,
www.kempinski.com/de/abudhabi/emirates-palace

Highlight des neuen Louvre ist eindeutig die spektakuläre Architektur, die auch die Umgebung mit einbezieht (oben). Die gewaltige Kuppel des Museums lässt Lichtstrahlen auf die Wasserbecken fallen (rechts unten). Der 18-Loch-Golfkurs von Saadiyat Island verläuft direkt am Meer (rechts oben).

# 48 Louvre Abu Dhabi

## Tempel der Weltkunst

**Eine Ikone der Kunst, für die sich jede noch so weite Anreise lohnt. Schwer zu sagen, was beeindruckender ist: das Museumsgebäude selbst – eine Ansammlung von schneeweißen, quaderförmigen Ausstellungspavillons, über die sich eine gigantische Betonkuppel spannt – oder die Bilder und Objekte, die die Geschichte der Menschheit erzählen und die Gemeinsamkeiten der Kulturen betonen.**

Die Kuppel, die über dem Louvre Abu Dhabi schwebt, misst beeindruckende 180 Meter. Jean Nouvel, der französische Stararchitekt, ließ sich inspirieren von den traditionellen Barasti-Hütten, in denen einst die Beduinen lebten und durch deren Dächer aus getrockneten, übereinandergelegten Palmzweigen die Lichtstrahlen ins Innere gelangten. Als im November 2017 nach zehn Jahren Bauzeit und mehreren Verzögerungen der Louvre Abu Dhabi eröffnet wurde, für dessen Namen und Leihgaben das Emirat knapp eine Milliarde Euro an Frankreich zahlt, ging diese Meldung um die Welt. Mit einem Schlag festigte sich Abu Dhabis Bedeutung als internationales Kulturziel. Es ist das erste Museum mit universellem Anspruch in der arabischen Welt. Auf mehr als 6000 Quadratmetern Ausstellungsfläche demonstrieren die Exponate, dass die Welt doch schon immer verbunden und in diesem Sinne auch globalisiert gewesen ist und wenden so eine international vielfach als Bedrohung empfundene Globalisierung ins Positive.

### Den Blick aufs Wasser genießen

Die gewaltige Kuppel, eigentlich ein Geflecht aus Stahlstreifen, die sich weit über die Köpfe der Besucher wie ein zweiter Himmel spannt, ist der eigentliche Star der Ausstellung. Bewegender und erhabener kann Architektur kaum sein. Die Lichtstrahlen, die ins Innere fallen, sorgen für Reflexe und ein abwechslungsreiches Spiel aus Licht und Schatten. Dazu gesellen sich die Wasserbassins und Infinity Pools mit spiegelglatter Oberfläche, die das nahe Meer ins Museum miteinbeziehen und optisch ebenso für Erfrischung sorgen wie die ungezählten Durchblicke, etwa auf die Anlegeplätze der Boote, mit denen die VIPs aus dem Westen und viele Einheimische hierhergelangen. Toll ist auch der Blick auf die Skyline von Abu Dhabi, wenngleich oft im Dunst verschwommen.

## Staunen und sich inspirieren lassen

Als Besucher wandelt man sozusagen etwas ziel- und orientierungslos durch die über 50 kubusartigen weißen Ausstellungsräume, die durch Höfe und Gassen voneinander getrennt sind und an die organische Form früherer Suqs erinnern. »Bitte in diese Richtung laufen!«, heißt es mit einem Mal. Eher versteckt angebrachte Hinweispfeile und mit einem Dauerlächeln den Weg weisende Angestellte aus Somalia und Kenia führen zu den Exponaten. 30 Jahre lang, so die Vereinbarung zwischen Abu Dhabi und Frankreich, sind einige der berühmtesten Exponate des Louvre nun als Ausstellungsstücke in der Wüste zu sehen – 600 Werke, darunter solche von Tizian, Leonardo da Vinci, Gauguin und van Gogh. Daneben gibt es altrömische Plastiken, frühägyptische Pharaonenmasken, Mutterfiguren aus dem Kongo oder jahrhundertealte und bewegend schöne Buddhastatuen aus dem Himalaya. Und auch moderne Kunst, wie beispielsweise eine Skulptur von Ai Weiwei.
Es geht durch alle Zeiten, Stile und Kulturen. Hier kommt zusammen, was sonst nicht zusammengehört, der Bogen, der hier gespannt wird, ist jedenfalls riesengroß.

## CRUISEN ÜBER DIE INSEL

Verbinden Sie den Besuch im Louvre Abu Dhabi mit einer Autotour über Saadiyat Island. Es ist ein ganz besonderes Vergnügen, über den herrlichen Yas Leisure Drive zu cruisen, der zwischen Palmen, Bougainvilleen und aufsehenerregenden Bauwerken am Meer entlangführt. Im Besucherzentrum Manarat Al Saadiyat zeigt man Ihnen, welche gewaltigen Museen gegenwärtig noch auf der Insel gebaut werden, auch interessante Kunstausstellungen finden hier statt. Ob St. Regis, Park Hyatt oder das neue, grandiose Rotana Hotel: In den Luxusherbergen auf Saadiyat Island wurde nicht gekleckert, sondern geklotzt. Anschließend locken die einzigartigen, schneeweißen Strände der Insel, etwa der Public Beach von Saadiyat.
**Saadiyat Public Beach**, tgl. 8 Uhr bis Sonnenuntergang geöffnet, Eintritt frei, www.visitabudhabi.ae/de/explore/islands/saadiyat.island/saadiyat.beach

## WEITERE INFORMATIONEN

**Louvre Abu Dhabi**, Mo geschl., Di, Mi, Sa, So 10–20, Do, Fr 10–22 Uhr, Saadiyat Cultural District 1, Onlinetickets unter www.louvreabudhabi.ae

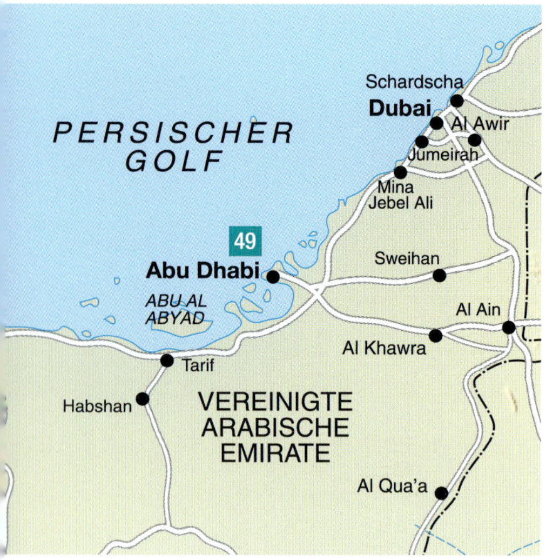


Der weiße Marmor reflektiert jeden Sonnenstrahl, und nahezu magisch wird es dann bei Mondlicht (unten). Aus Halbedelsteinen sind die stilisierten Blumenranken in den Hunderten von weißen Marmorsäulen (rechts oben). Foto gefällig? Aber bitte nur mit Kopftuch (rechts unten)!

# 49 Sheikh Zayed Grand Mosque

## Architektur als Poesie

**Eine Moschee wie aus Tausendundeiner Nacht. Mit Dutzenden von schneeweißen Kuppeln und Minaretten, gigantisch in ihren Ausmaßen, ein einziges Statement der Hingabe an den Islam. Hunderte von Säulen aus edelstem Marmor, die mit Halbedelsteinen verziert sind, markieren die einzelnen Höfe und Nischen. Auch das Innere überwältigt mit seiner Pracht: Diese Moschee muss man gesehen haben.**

Wie Mondlicht glänzender und durchscheinender weißer Marmor, dunkel schimmerndes Perlmutt, Blattgold und kunstvoll gewebte Teppiche, dazu funkelnde Swarovski-Kristalle. Die Architektur? Ein Kosmos aus Gestaltungsvorbildern, entworfen von nicht weniger als 52 Architekten: Maurische Bögen und marokkanische Details, der Grundriss beeinflusst von den Moguln, die Minarette im rein arabischen Stil. Wohin man den Blick auch wendet: In dieser Moschee zeugt alles von einer gigantischen Prachtentfaltung, von unermesslichem Reichtum und höchster künstlerischer Raffinesse. Mit der Scheich-Zayed-Moschee besitzt Abu Dhabi einen wahren Besuchermagneten.

### Immense Ausmaße, tiefer Glauben

Es war einer der Herzenswünsche des von allen geschätzten Emirs Zayid bin Sultan Al Nahyan, des charismatischen Gründers der Vereinigten Arabischen Emirate, einen gewaltigen Sakralbau zu errichten, in dem 40 000 Gläubige Platz finden sollten. 1996 ordnete er den Bau der sechstgrößten Moschee der islamischen Welt an. Ganz in Weiß, in der Farbe des Friedens. Dafür stellte er aus seinem Privatvermögen (von rund 50 Milliarden Euro) 350 Millionen

Euro bereit und gab die Moschee in Auftrag. Anders als in Dubai wählte der Herrscher des Emirats kein Hotel, keine künstliche Insel oder Ähnliches, um die Welt auf sich aufmerksam zu machen. Noch an seinem Todestag am 2. November 2004 wurde er an der Nordseite unmittelbar neben der Moschee in einem für die Öffentlichkeit nicht zugänglichen, eher bescheidenen Mausoleum beigesetzt.

Mit Ausnahme der Gebetszeiten darf jeder die Moschee betreten und sich inspirieren lassen. Die täglichen, 45-minütigen Führungen sind ebenfalls kostenlos und so informativ wie kurzweilig. Für jeden beeindruckend sind die Ausmaße des Bauwerks: In der Haupthalle können 7000 Männer beten, in zwei kleineren Gebetshallen finden jeweils 1500 Frauen Platz. Der von Säulenreihen eingefasste, schneeweiße Marmorhof, der 17 000 Quadratmeter misst, bietet weiteren 30 000 Betenden Platz.

### Pracht im Herzen der Moschee

Werfen Sie einen Blick in das von Sonnenstrahlen durchflutete Innere des Gebetsraums: Dort, unter drei zentralen Kuppeln, getragen von jeweils von acht Marmorsäulen, in die weißer und schwarzer Perlmutt eingelassen ist, liegt der größte Teppich der Welt. Zwei Jahre knüpften 1200 Frauen in Iran an dem Prachtwerk von 5600 Quadratmetern, dessen Design ein iranischer Künstler entwarf. Ein Kronleuchter, der über diesem Teppich hängt, muss gleichermaßen von gewaltigen Proportionen sein: Swarovski fertigte das fast zehn Tonnen schwere, 15 Meter hohe und zehn Millionen Dollar teure Kunstwerk aus grünen, roten, gelben und weißen Kristalltropfen. Die in Richtung Mekka ausgerichtete Quibla-Wand zeigt die 99 Namen Allahs, wie beispielsweise Ar-Rahman, der Mitgefühlvolle, oder Al-Wasi, der alles Umfassende, in kufischen Schriftzeichen. Die Große Moschee, heute Wahrzeichen des Emirats, ist schon von Weitem sichtbar, sie thront im Südosten der Stadt, in der Nähe des Meeresarms Khor Al Maqta, und ist umgeben von einem prächtig gestalteten Landschaftsgarten. Nicht wenige Besucher fühlen sich bei ihrem Anblick an das indische Taj Mahal erinnert, das ja ebenfalls einst aus Liebe in Auftrag gegeben wurde.

### ORIENTALISCHER FOTOTERMIN

Die Scheich-Zayed-Moschee ist täglich für Besucher geöffnet und kostenlos zugänglich. Gegen Vorlage eines Reisepasses erhalten Frauen die für den Einlass notwendige schwarze Abaya und die obligatorische Kopfbedeckung, die über die eigene Kleidung gezogen wird. Dann nichts wie auf zur Besichtigung: Landestypisch ausstaffiert, lassen sich tolle Selfies und Schnappschüsse vor den Kuppeln, Bögen und Höfen der Moschee machen! Nach Möglichkeit aber darauf achten, dass gerade keine anderen Besucher mit ins Bild kommen.

### WEITERE INFORMATIONEN

**Scheich-Zayed-Moschee**, Sa–Do 9–22, Fr 16.30–22 Uhr, geführte Touren (auf Englisch) sind vorab buchbar unter www.szgmc.gov.ae

Hoffentlich haben die Passagiere nicht zu üppig gefrühstückt (oben)! Das rote Zeltdach schmückt ein galoppierendes Pferd – das weltbekannte Logo (rechts unten)!

# 50 Yas Island

## Die Insel der Rennfahrer

**Auf der mit dem Festland durch Brücken und Autobahn verbundenen Insel gibt es nicht nur einen international berühmten Formel-1-Kurs, den Yas Marina Circuit, sondern auch einen Ferrari-Themenpark und andere Freizeitvergnügen. In der Marina legen das ganze Jahr über die Jachten der Superreichen an, doch auf dem Yas Links Golf Course kann es sich jeder leisten, abzuschlagen, das entsprechende Handicap vorausgesetzt.**

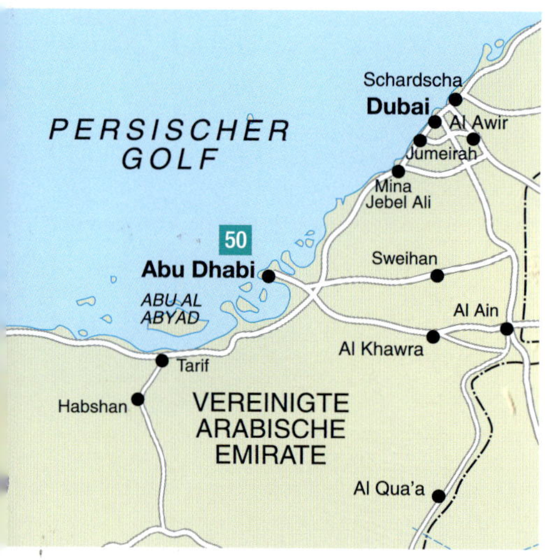


Für die *nationals* ist es *das* Ereignis: Der Große Preis von Abu Dhabi auf dem Formel-1-Kurs von Yas Island. Das Event stellt das Ende der Rennsaison dar, eine spannungsgeladene Veranstaltung, bei der sich die Rennsport-Elite der Welt, Besucher aus aller Welt und VIPs ihr Stelldichein am Golf geben. Man trifft sich in der Lounge des gläsernen Yas Tower. Von hier aus lässt sich die mit 1,7 Kilometer längste Gerade einer Formel-1-Strecke bestens überblicken.

### Spektakulär in jeder Hinsicht

55 Runden haben die Fahrer hinter sich zu bringen, für eine benötigen sie im Durchschnitt 1 Minute und 40 Sekunden. Gestartet wird gegen 17 Uhr, sodass bald darauf die Dunkelheit hereinbricht und gewaltige Flutlichtmasten die Strecke taghell erleuchten. Bei der Siegerehrung kommt aus religiösen Gründen ein spritziges, nichtalkoholisches Getränk aus Rosenwasser und Granatapfel zum Einsatz, mit dem die Piloten sich begießen. Legendär sind die anschließend stattfindenden After-Race-Konzerte mit international bekannten Bands in der Yas Arena, die ausschließlich Ticketinhabern der Formel 1 vorbehalten sind. Wer es sich leisten kann, steigt im Yas Viceroy Hotel ab, einem futuristischen Bau und dem einzigen Hotel weltweit, das über einer

Formel-1-Strecke gebaut wurde. Es überspannt den Rennkurs, besteht aus zwei hypermodernen Gebäudeteilen links und rechts der Strecke, die über eine mehrere Stockwerke hohe Brücke miteinander verbunden sind. Designt wurde die spektakuläre Rennanlage, die dicht an der künstlich angelegten Yas Marina vorbeiführt, vom Aachener Architekten Hermann Tilke.
Außerhalb der Saison kann sich jeder auf dem Yas Marina Circuit als Fahrer testen: Es lassen sich Rennwagen mieten, mit denen man über den 5,55 Kilometer langen Kurs braust. Mitunter dürfen sogar die Jogger und Radfahrer hier ihre Runden drehen.

## Ein Karussell mit Ferraris

Keine fünf Autominuten entfernt liegt eine weitere Attraktion von Yas Island: Der bereits vom Flugzeug aus beim Landeanflug an seinem roten Zeltdach mit dem gelben Logo zu erkennende Freizeitpark Ferrari World lockt mit seinen extremen Fahrgeschäften und der schnellsten Achterbahn der Welt. Der über 20 Hektar große Themenpark lebt von der weltweiten Ferrari-Faszination. So sitzen Besucher beispielsweise in Modellen der Kultwagen und erleben extreme Beschleunigungsgeschwindigkeiten. Flying Aces heißt die Achterbahn mit dem höchsten Looping der Welt, während in der Formula Rossa die Gäste die schnellste Achterbahn der Welt mit Geschwindigkeiten von 250 km/h in 4,9 Sekunden erleben. Wer danach noch Appetit verspüren sollte, geht zu Mama Rosella, einer Kult-Trattoria aus Maranello, der Heimat von Ferrari in der Emilia Romagna, die in der Wüste mit original neapolitanischen Pizzen verwöhnt.
Noch mehr Lust nach Abwechslung? Golfer zieht es zu einem der schönsten Greens der VAE, dem an der Westküste zwischen sanften Hügeln, Mangroven und dem Meer liegenden und von Kyle Phillips designten 18-Loch-Platz, mit seinen Fairways und Bunkern ziemlich herausfordernd.
Schließlich lockt noch Yas Waterworld, ein 15 Hektar großer Wasserpark, eine Mischung aus schnellen und hohen Wasserrutschen und Pools, das Ganze eingebettet in ein Ambiente mit arabischen Burgen und Forts.

### KART FAHREN

Endlich mal so richtig Gas geben, sogar motorsportbegeisterte Jugendliche kommen hier zum Fahren: Die im Zentrum von Yas Island direkt neben der Yas Racing School gelegene Kartzone ist sowohl von der Rennstrecke her als auch von den Karts selbst in einem hervorragenden technischen Zustand. Wer hier fahren möchte, muss zunächst an einer kurzen Einweisung in die Regeln und Besonderheiten des Kart-Fahrens teilnehmen. Im Rennoverall, mit Handschuhen und Helm geht es dann in die Gokarts. Jugendliche fahren auf einer Strecke von 800 Metern und erreichen Geschwindigkeiten bis zu 60 km/h. Ein tolles Erlebnis ist es auch, auf der total illuminierten Strecke nach Sonnenuntergang zu fahren.
**Yas Kartzone**, Di–Sa 14–22 Uhr, Yas Marina Circuit, www.yasmarinacircuit.ae

### WEITERE INFORMATIONEN

**Ferrari World**, tägl. 11–20 Uhr, www.ferrariworldabudhabi.com
**Yas Waterworld**, So–Do 10–18, Fr, Sa 10–19 Uhr, www.yaswaterworld.com
Kostenlose Shuttlebusse auch von Abu Dhabi City aus. Ein Kombiticket für beide Parks ist preislich günstiger.

Dubai Mall of the Emirates. Luxus in einem der größten Einkaufszentren der Welt.

AL HALABI
Lebanese Cuisine
الحلبي
Biella
CAFFE PIZZERIA RISTORANTE

# Register



Salala: Festivalstimmung, Musandam Moschee in Quadah und Salala: Reiches Angebot an Früchten (von links).

Vom Gipfel des Jebel Akhdar hat man eine spektakuläre Aussicht auf die Oliven- und Mandelhaine der umliegenden Bergdörfer.



Musandam: Kinder als Hochzeits-Zaungäste, Schnappschüsse vom Hochzeitsreigen und inszenierte Tradition in Salala (v. Mitte n. rechts).

# Impressum

**Verantwortlich:** Susanne Kaufmann
**Redaktion:** Dr. Juliane Braun
**Layout**: Elke Mader
**Umschlaggestaltung:** Helene Schumacher, A flock of sheep Ltd. Marcus Taeschner
**Repro:** LUDWIG:media
**Kartografie:** Heidi Schmalfuß
**Herstellung:** Bettina Schippel
Printed in Italy by Printer Trento

★★★★★

**Sind Sie mit diesem Titel zufrieden? Dann würden wir uns über Ihre Weiterempfehlung freuen.**
Erzählen Sie es im Freundeskreis, berichten Sie Ihrem Buchhändler oder bewerten Sie bei Onlinekauf. Und wenn Sie Kritik, Korrekturen oder Aktualisierungen haben, freuen wir uns über Ihre Nachricht an: Bruckmann Verlag, Postfach 40 02 09, D-80702 München oder per E-Mail an lektorat@verlagshaus.de

Unser komplettes Programm finden Sie unter www.bruckmann.de



In diesem Buch wird aus Gründen der besseren Lesbarkeit das generische Maskulinum verwendet. Weibliche und anderweitige Geschlechteridentitäten werden dabei ausdrücklich mitgemeint, soweit es für die Aussage erforderlich ist.

**Textnachweis:** Alle Texte stammen von Zeno von Braitenberg, außer: Birgit Müller-Wöbcke: Aktualisierungen für die 1. Auflage 2020, Routenempfehlungen (S. 22/23, 64/65, 98/99, 110/111, 130/131, 146/147, 176/177), Themenseiten (S. 48/49, 86/87, 164/165), Abu Dhabi (178 ff.)

**Bildnachweis:** Alle Bilder im Innenteil stammen von Udo Bernhard, außer: Bait Muzna Gallery, Masqat: S. 29 o.l.; Bint El Oud: S. 55 o.; Andrew Brown: S. 53 u.; Capri Court Italian Restaurant (Al Bandar): S. 52 u.; catbirdoman: S. 95; mauritius-images: S. 85 u. ( Leonardo Spencer), S. 99 (Hanne & Jens Eriksen ), S. 174 (Klaus-Gerhard Dumrath ), S. 181 o. (Andreas Gebert); Oman Hotels: S. 93 o., 107 r.u.; pd/Ji-Elle: S. 35; pd/Andries Oudshoorn: S. 106; picture alliance: S. 33 (Hackenberg); puredestinations.co.uk: S. 139; Christoph Schwarzer: S. 58 u., 55 r.u.;
Shutterstock: S. 106 (amabird); S. 175 u.r. ( Victor Jiang), o. (Oluwaseyi Usman); S. 178 o. (Touseefdesigner.com), S. 179 u.( Myroslava Bozhko), o. (Eusaphzae); S. 180 u. ( Elnur); S. 181 u. (Tine Eelman); S. 182 o. (Kritsana Laroque); S. 183 u. (Travel Faery), o. (Walter Bibikow)

**Vorsatz:** S. 2/3: Oman, Matrah Suq
**S. 5:** Junge aus Khasab
**Innentitel, S. 6/7:** Dubai, Burj Khalifa
**Nachsatz, S. 190/191:** Oman, Masqat – die Sultan-Qabus-Moschee.

**Umschlag:**
**Vorderseite:** (o.) Sheikh Zayed Grand Mosque, Abu Dhabi (shutterstock/Nate Hovee), (u.) Nakhal Fort in der Region Al Batinah, Oman (shutterstock/Hamdan Yoshida);
**Klappe vorne:** Frauen am Jumeirah Beach (Udo Bernhard);
**Rückseite:** (o.) (u., v.l.n.r.) Mann in Salala, Dubai Marina, Gelebte Tradition in Bastakiya (alle Udo Bernhard);
**Klappe hinten:** Pinguine auf der Halbinsel Musandam (Udo Bernhard)

Die Deutsche Nationalbibliothek verzeichnet diese Publikation in der Deutschen Nationalbibliografie; detaillierte bibliografische Daten sind im Internet über http://dnb.d-nb.de abrufbar.

Vollständig überarbeitete Neuauflage,

Infanteriestraße 11a
80797 München

ISBN 978-3-7343-1672-2
Originalausgabe mit dem Titel »Highlights Oman & Dubai«,
ISBN 978-3-7654-6032-6 © 2012

# EBENFALLS ERSCHIENEN

ISBN 978-3-7343-1608-1

ISBN 978-3-7654-4869-0

ISBN 978-3-7343-0871-0

ISBN 978-3-7343-0332-6

ISBN 978-3-7343-1031-7

ISBN 978-3-7343-1656-2

ISBN 978-3-7343-1028-7

ISBN 978-3-7343-1318-9

**100 Highlights Afrikas Süden**
978-3-7343-1033-1

**100 Highlights Australien**
978-3-7343-2391-1

**100 Highlights Deutschland**
978-3-73433-0147-6

**100 Highlights Englands Süden**
978-3-7343-0650-1

**100 Highlights Europa**
978-3-73433-0146-9

**100 Highlights Kanada**
978-3-7654-8780-4

**100 Highlights Neuseeland**
978-3-7343-2394-2

**100 Highlights New York**
978-3-7343-0797-3

**100 Highlights Skandinavien**
978-3-7343-0652-5

**100 Highlights Südamerika**
978-3-7343-0651-8

**100 Highlights Südostasien**
978-3-7343-0659-4

**100 Highlights USA**
978-3-7654-8227-4

**Deutschlands Welterbe**
978-3-7343-1175-8

**Highlights Andalusien**
978-3-7654-5599-5

**Highlights Antarktis**
978-3-7343-0857-4

**Highlights Bali**
978-3-7343-2393-5

**Highlights Bretagne** u. Atlantikküste
978-3-7343-1032-4

**Highlights Chile · Argentinien**
978-3-7654-6031-9

**Highlights Costa Rica**
978-3-7343-0858-1

**Highlights Gardasee**
978-3-7654-6772-1

**Highlights Hurtigruten**
978-3-7343-0616-7

**Highlights Iran**
978-3-7343-0663-1

**Highlights Island**
978-3-7654-6497-3

**Highlights Japan**
978-3-7654-6495-9

**Highlights Kambodscha Laos**
978-3-7343-0664-8

**Highlights Kreta**
978-3-7654-8374-5

**Highlights Kuba**
978-3-7654-5596-4

**Highlights Madeira**
978-3-7343-0927-4

**Highlights Marokko**
978-3-7654-8783-5

**Highlights Namibia**
978-3-7654-5143-0

**Highlights Nordsee**
978-3-7343-0649-5

**Highlights Norwegen**
978-3-7654-4827-0

**Highlights Oman** m. Dubai u. Abu Dhabi
978-3-7343-1672-2

**Highlights Peru**
978-3-7654-5436-3

**Highlights Portugal**
978-3-7654-5533-9

**Highlights Provence**
978-3-7343-1030-0

**Highlights Sizilien**
978-3-7654-5880-4

**Highlights Sri Lanka**
978-3-7343-0859-8

**Highlights Südafrika**
978-3-7654-6496-6

**Highlights Tibet**
978-3-7343-2392-8

**Highlights USA Der Westen**
978-3-7654-5758-6

**Highlights Vietnam**
978-3-7654-5144-7

ISBN 978-3-7343-1089-8

BRUCKMANN

www.bruckmann.de